NO!라고 말하는 기술

NO!라고 말하는 기술

데이먼 **자하리아데스** 지음
권은현 옮김

홍익출판 미디어그룹

Contents

제4장 | 어떠한 상황에서도 거절하는 법

The Art of saying NO

제 1 장

예스맨의
습관

성공한 사람들과 더 성공한 사람들의 차이점은
더 성공한 사람들은 항상 'No!'를 먼저 말한다는 것이다.

_워런 버핏 Warren Buffett, 미국의 기업가

그는 왜 또다시
승진하지 못했을까?

사이먼 데이비드는 전기회사에서 잔뼈가 굵은 17년 차 샐러리맨이다. 직급은 팀장으로 위로는 부장, 이사, 상무, 전무, 사장, 회장이 빼곡히 들어차 있고 아래로는 20명의 팀원들이 그의 지시에 따라 일하고 있다. 말하자면 그는 회사에서 상하 관계를 조율하는 다리 역할을 맡고 있다.

그가 맡은 업무는 해외영업 마케팅으로, 직접적으로 상대하는 상사는 부장이지만 때로는 전무한테 불려가 해외영업 동향이나 업계 상황을 브리핑할 때가 많다.

물론 그것으로 끝나지 않는다. 회사 안에 4개 팀이 더 있어 팀장끼리의 소통도 중요하다. 팀장 중에 가장 선임이기 때문에 부서 간의 업무 협조 문제로 머리를 맞댈 때가 많고, 그가 최종적으로 의견을 취합해서 윗사람들에게 전달한다.

즉, 그가 부장 진급 1순위의 인물이라는 것이다. 바로 이 지점이 중요하다.

정상적이라면 그는 내년 초 부장으로 승진 발령을 받게 된다. 그러니 어떻게든 회사의 기대에 부응해서 실적도 쌓고 소통도 잘해야 한다.

다행히 그는 회사가 요구하는 실적 목표를 팀원들과 함께 매번 달성했다. 회사 안에서의 인간관계도 나름 원만하다고 자부하고, 무엇보다도 회사 업무를 삶의 우선순위 1번에 두고 '회사인간'으로 살아가는 그였다.

문제는 부장의 비위를 맞추는 일이었는데, 부장은 사이먼보다 세 살 어리지만 회장의 아들이라 위세가 정말 대단했다. 게다가 성미가 급하고 거칠어서 상대하기가 무척 어렵다. 이 사람 말고도 3명의 부장이 더 있지만, 업무상 직속상관이라 매일 마주칠 수밖에 없었다.

돌아보면 부장과는 우여곡절이 많았다. 아무리 열심히 해도 실적이 만족스럽지 않다며 아무 데서나 호통을 치고, 팀원들 앞에서 잘잘못을 따지며 그의 자존심을 깡그리 짓밟을 때도 한두 번이 아니었다.

그럴 때면 부장 진급이고 뭐고 당장이라도 다 때려치우고 싶었지만, 그럴 수는 없었다. 아무튼 여기까지 왔으니 어떻게든 끝장을 봐야 한다는 생각으로 매번 더 열심히 일하겠다고 다짐하며 머리를 숙였다.

주변에서는 그를 '예스맨'이라 불렀다. 부장이나 이사가 뭔가 지시하면 이유 불문하고 일단 'Yes!'를 외치기 때문이다. 다른 사람들의 눈에 전혀 가능하지 않은 일인데도 일단 'Yes!'를 뱉은 후 방법을 찾는 그였다. 그러니 당연히 실패하는 경우가 많았고, 윗사람들의 책임 추궁이 뒤따랐지만 어쩔 수가 없었다.

사이먼도 주변의 손가락질과 비판적인 시선을 알고 있다. 그러나 줏대 없는 사람이라는 비판을 들어도, 부장 진급만 할 수 있다면 못할 게 없다고 생각했다. 타고난 예스맨이라는 비웃음을 당해도 업무 능력을 인정받아

부장이 되고, 장차 이사로 승진할 수만 있다면 상관없다고 생각했다.

그렇게 다시 시간이 흐르고, 정기 인사 발표가 있었다. 결과는 부장 진급 탈락이었다. 대신 그보다 3년이나 늦게 팀장이 된 후배가 승진했다. 나중에 전무가 그를 불러 이렇게 말했다.

"자네가 열심인 것은 알겠는데, 회사는 자네의 소신과 철학에 대해 의문을 품고 있다네. 자기 생각 없이 무조건 예스를 남발하는 나약하고 기회주의 적인 태도가 문제라는……."

이번에도 그의 대답은 단 한 마디, 'Yes!'였다. 예스맨의 비애를 온몸으로 느끼며, 그는 쓸쓸히 이사의 집무실을 나왔다.

거절의 기술을 익히면
생기는 일들

——— *01*

자신감을 가지고 우아하게 거절하는 방법

주변에 있는 전형적인 예스맨 같은 친구나 동료를 한 번 떠올려
보라. 그런 친구는 당신이 아는 사람 중에서 제일 '착한 사람'일
지 모른다.

그들은 항상 남을 도울 준비가 되어 있기에 누구라도 힘든
일이 생기면 그에게 기댈 수 있다. 언제든 기꺼이 어깨를 내어
준다니, 얼마나 훌륭한 사람인가? 그저 부탁만 하면 상대의 욕
구를 충족시키기 위해 자신의 개인적인 일을 기꺼이 접어두기
까지 한다.

혹시 그의 행동이 불안할 정도로 당신과 흡사하지는 않은가?
그의 모습에서 당신의 얼굴이 겹쳐 보이지는 않는가? 예를 들

14

어 누군가 당신에게 도움을 청하면 즉시 하던 일을 밀쳐두고 'Yes!'를 외치지는 않는가 말이다.

만약 그렇다면 그런 상황을 다시 떠올려보자. 혹시 당신은 계속해서 자신의 일보다 타인의 일을 우선시하며 사느라 스트레스와 피로감을 자주 느끼지는 않는가? 이 질문에 만일 당신의 머리가 선뜻 끄덕여진다면 이 책은 바로 당신을 위한 것이다.

누군가 도움을 청할 때 당당하게 거절하는 습관은 당신이 살아가면서 반드시 배워야 하는 중요한 삶의 기술 중 하나다. 거절의 습관은 개인적인 일에서든 업무적인 일에서든 당신이 관심사를 추구할 여유가 생기게 하고, 일상의 곳곳에서 자유를 누릴 수 있게 만들어준다.

그러나 거절의 기술을 배우기란 쉽지 않다. 수년간 해온 것과는 완전히 반대로 행동해야 하기 때문이다. 부모님이나 선생님, 상사, 동료, 가족들로부터 평생 들어온 말과는 반대로 행동해야 하기 때문에 처음에는 마음이 불편할 것이다.

하지만 거절의 기술을 익히는 일은 노력할 만한 가치가 있다. 일단 자신감을 가지고 우아하게 거절할 능력을 꾸준히 연마하다 보면 당신에 대한 주위 사람들의 인식이 바뀌는 걸 보게 될 것이다.

당당하게 거절했을 때, 그들은 당신을 더 존중하면서, 당신의 시간을 더 소중하게 생각하게 된다. 당신을 자기들 마음대로 할 수 있는 추종자가 아니라 함부로 대할 수 없는 중요한 사람으로 생각하는 것이다.

타고난 예스맨의
비애

상대의 기분을 상하게 하지 않으면서 나를 지킨다

이제 항상 'Yes!'를 외치면서 주위 사람들을 즐겁게 하는 성향에서 벗어날 준비가 되었는가? 아직도 다른 사람들이 욕할까 두렵고 좋은 사람으로 불리는 것을 포기하기가 어려운 당신을 위해, 어느 모로 보나 국가대표급 예스맨이었던 나의 경험을 소개하고자 한다.

만약 당신이 예전의 나와 아는 사이였다면, 다른 사람에게 단 한 번이라도 따로 도움을 청할 필요가 없었을 것이다. 당신 곁에 항상 내가 있었을 테니 말이다. 나는 누군가 도움을 청하면 언제든 부탁을 들어주는 사람이었다. 그의 부탁을 들어주기 위해 기꺼이 나 자신을 희생하면서 말이다.

자신이 어떤 상황에 놓여 있든 남의 부탁을 전부 수용하는 성향에는 여러 가지 원인이 있다. 나의 경우에는 누군가의 부탁을 들어줄 때마다 나는 옳은 일을 한다고, 내가 한 일은 남을 행복하게 만드는 일이라고 생각했다. 이런 나의 결정을 어떻게 후회할 수 있겠는가?

문제는 겉으로는 웃으며 남의 부탁을 들어주면서도 내심 항상 스트레스를 느끼면서 우울감에 젖어 지냈다는 점이다. 뭔지 모를 날카로운 것이 가슴을 쿡쿡 찌르는 것 같았다.

내가 남의 부탁을 순순히 들어줄 때마다, 내면의 다른 목소리는 내게 이렇게 말했다.

"그렇게 쉽게 남의 부탁을 들어주는 건 결국 나 자신이 하는 부탁은 거절하는 것과 같아."

분명한 사실은, 남을 위해 시간을 쓰면 정작 나 자신을 위해 쓸 시간이 없어진다는 점이다. 마찬가지로 남을 위해 돈을 쓰면 내가 관심 있고 필요한 곳에 쓸 돈도 없어진다.

그런데도 나는 타인이 그의 이익을 위해 나의 시간과 돈, 심지어 노동력까지 사용하도록 허락했다. 결과적으로 나의 관심사는 뒷전인 채 남의 세계에 종속되어 지내왔다.

대학을 다닐 때, 우리 집에는 픽업트럭이 있었다. 즉 나는 친구들이 이사할 때나 짐을 옮길 때 도움을 줄 수 있는 최적의 인물이었던 것이다. 그렇기에 이사를 도와달라는 부탁을 자주 받았었다. 뼛속까지 예스맨이었던 나는 그런 부탁을 받으면 서슴없이 승낙을 했다. 나의 관심사와 우선순위를 뒷전으로 밀어놓는 행동을 질책하는 내면의 목소리가 들려왔지만, 나는 언제나 무시했다.

문제는 그 목소리가 멈추지 않았다는 점이다. 차츰 나는 나 자신이 싫어졌고, 나에게 거리낌 없이 부탁하는 사람들에게 화가 나기 시작했다. 그때부터 상황은 걷잡을 수 없이 나쁜 방향으로 흘러갔다.

예스맨의 습관이 너무도 깊이 뿌리박혀 있었기 때문에 누군가 도움을 청할 때마다 자동적으로 고개를 끄덕였지만, 그때마다 나의 내면엔 씁쓸함을 넘어 절망감까지 들었다.

'Yes!'를 남발할 때마다 나의 자존감이 형편없이 추락한다는 사실을 알면서도 스스로에게 거듭해서 희생을 요구했으니, 누구를 탓하겠는가? 나는 그렇게 주위 사람들 모두에게 구제불능의 호구가 되어갔다.

그러다 어느 순간부터 예스맨은 이제 그만하자고 결심했고, 그때부터 도와달라는 친구들의 부탁을 모두 거절하기 시작했다. 그렇게 길고 길었던 호구 생활을 마감하기는 했지만, 지금 생각해보면 무조건 거절하던 방식이 후회스럽기만 하다. 누군가 나에게 도움을 청할 때마다 너무 거칠고 과민하게 반응했었다. 당시에는 너무 화가 나 있었고, 거절을 못하는 나 자신이 너무 싫어서 어떤 부탁이든 기계적으로 매몰차게 거절했었던 것이다.

도움을 청하는 말이 끝나자마자 언제든 팔을 걷어붙이던 내가 갑자기 무슨 부탁이든 모두 싫다고 말하는 거절의 화신으로 변했으니, 주위 사람들은 배신당한 느낌이 들었을 것이다.

문제는 바로 여기에 있다. 예전의 내가 아닌 모습에 이해는 커녕 오히려 화를 내거나 실망한 표정을 짓는 주위 사람들의 반응 말이다. 이를 보면서 나는 단순히 거절하기만 해서는 안 된다고 생각했고, 어떻게 거절해야 상대와 나 모두 기분이 상하지 않을 수 있을지를 고민하게 되었다.

그 이후 나는 다양한 방법을 시도하고 연습하면서 상대방을 배려하여 부드럽게 거절할 수 있는 방법을 깨닫게 되었다. 상대의 기분을 상하게 하지 않으면서도 나를 온전히 지킬 수 있는 방법을 알게 된 것이다.

나를 먼저
챙겨야 하는 이유

누구도 나의 시간과 욕구를 대신해줄 수 없다

이 책은 무조건 남을 기쁘게 하는 삶에서 벗어나 나의 필요와 욕구를 먼저 생각하는 삶을 살아갈 수 있도록 도움을 줄 것이다. 이러한 자기본위의 삶은 결코 이기적인 것이 아니다.

자기의 감정이나 이해관계를 기준으로 생각하고 행동하는 삶은 나쁘고, 나 자신은 뒷전인 채 무조건 타인을 먼저 생각하는 삶이 좋다고 말하는 것은 스스로에게 너무 무책임하지 않은가.

거절에도 방법이 있다. 예전의 나는 정당한 이유로 거절을 하면서도 대단히 거칠고 딱딱한 방식을 써서 욕을 먹는 어리석음을 반복했었다. 얼마든지 우아하고 품위 있게 거절할 수 있었지만, 당시의 나에게는 그런 부분을 생각할 여유가 없었다. 나의 입장과 처지를 먼저 고려해야 한다는 압박감에 생긴 부작용이었다.

나는 이 책에서 그런 깨달음을 독자 여러분에게 소개하려고 한다. 나의 형편과 이익을 전혀 훼손하지 않으면서 상대의 기분까지 충분히 배려하는 당당한 거절법을 말이다.

세상의 누구도 나를 대신하여 나의 시간과 이익을 챙겨주지 않는다. 대부분의 사람은 자신의 이익을 위해 행동하고 당연히 자신의 우선순위를 다른 사람의 것보다 앞에 둔다. 그러니 각자의 욕구를 충족시킬 책임은 자신에게 있는 것이다.

자신을 대신할 사람은 아무도 없다. 그렇기에 더더욱 다른 사람의 욕구에 관심을 두기 전에 자신에게 먼저 관심을 쏟아야 한다. 내 말이 불편하게 들릴 수도 있다. 남을 사랑하고, 남에게 무조건 헌신하는 일에 열정이 있는 사람이라면 더욱 그럴 것이다.

다른 사람의 요구보다 나의 욕구를 먼저 생각하라고 말하고 있지만, 그렇다고 주위 사람들을 깡그리 무시하라는 게 아니다. 친구, 가족, 동료, 심지어 낯선 사람이라도 도움을 청하면 기꺼이 도와주어도 괜찮다.

여기서 강조하고 싶은 말은, 결코 자신의 삶을 구성하는 요소들을 뒷전으로 밀어놓지 말라는 것이다. 자신을 먼저 돌보지 않는다면 당신은 앞으로 나아갈 수 없다. 장기적으로 봤을 때 이는 주위 사람들과의 관계에도 악영향을 미칠 뿐이다.

남을 지나치게 자주 도와주느라 끼니도 거르고, 잠도 줄이고, 취미생활도 하지 않게 되었다고 생각해보자. 당연히 점차 지쳐 갈 테고, 자신의 행동에 짜증이 나서 결국 남을 돕기는 커녕 되레 그 사람에게 화만 내게 될 것이다. 그런 당신은 얼마나 쓸모 있는 사람이겠는가!

바로 이런 이유에서 자기의 욕구를 먼저 돌보라고 충고하는 것이다. 그래야 시간과 에너지를 저축할 수 있고, 진짜 도와주고 싶은 마음이 생길 때 남의 부탁을 들어줄 수 있는 여력이 생기게 된다. 이것이야말로 진정으로 남을 돕는 삶이다.

비행기에서 승무원이 탑승객들에게 기내 안전 수칙에 대해 어떻게 설명하는지 떠올려보자. 승무원들은 기내 기압이 떨어지고 있는 상황에서 다른 승객이 산소마스크를 쓰는 걸 돕기 전에 반드시 당신이 먼저 산소마스크를 착용해야 한다고 안내한다.

기내 안전 수칙이 혼자 살아남는 것을 목표로 한다는 말이 아니다. 다른 승객을 먼저 돕는 동안 정작 자신은 산소 부족으로 죽을 수도 있지 않은가. 자신을 제대로 돌보는 일이 결국에는 다른 사람을 돌볼 수 있게 한다는 얘기다.

우리 주변엔 자신의 목적을 달성하기 위해 끈질기게 타인에게 도움을 요구하는 사람들이 있다. 어떻게 해서든지 남의 손을 빌리려는 사람들은 타인의 거절을 절대 용납하지 않는다. 어쩌면 이제까지 그들 때문에 당신의 발걸음이 엄청 지체되었을지 모른다.

그들에게 당신은 따끔하고 단호한 태도로 거절할 수 있어야 한다. 몇 번만 거절을 반복하면, 그는 더 이상 당신을 먹잇감으로 여기지 않을 것이다. 이런 행동은 절대 야박한 게 아니다. 오히려 당신 자신을 지켜내고 정말 도움이 필요한 사람을 돕는 일이라는 것을 항상 기억하자.

자기주장의
심리학

─────── *04*

내 삶을 바꿀 수 있는 가장 간단하면서 아름다운 말은

자기주장이 강하다는 것은 자신의 욕구를 자신감 있게 표출하며, 주위 사람들의 반대에 부딪쳐도 뒤로 물러서지 않고 자신의 목표를 향해 당당하게 나아간다는 뜻이다.

이런 태도가 타고난 품성이라고 생각하는 사람들이 많은데, 절대 그렇지 않다. 자기주장이 강한 것은 학습을 통해 습득한 후천적인 특성이다.

어떤 문제에 대해 자신의 의견을 주위 사람들에게 분명하게 말할 수 있다면 그만큼 내실이 있는 삶을 누릴 수 있다. 정당한 자기표현의 힘은 이렇게 보통 사람의 일상에서 막강한 무기가 된다.

제1장 예스맨의 습관

동료와 정치 문제를 놓고 토론한다고 치자. 자기주장이 강한 사람은 상대와 의견이 다르면, 일단 그의 의견에 귀를 기울였다가 자기 생각을 당당하게 표출한다. 설령 반대 의견을 말했다가 주먹다짐을 하고 절교하는 상황에 이를지라도 끝내 자신의 이야기를 하고야 만다.

영화관에서 영화를 보고 있는데, 옆자리에 앉은 사람이 큰소리로 전화 통화를 한다고 치자. 자기주장이 강한 사람은 그에게 휴대폰을 꺼달라고 당당히 요구한다.

친구가 당신에게 토요일 오전까지 공항에 태워달라고 부탁하는 경우를 떠올려보자. 당신은 오전 내내 푹 쉬다가 미리 약속된 모임에 참석할 예정이다. 이럴 때 자기주장이 강한 사람은 친구가 서운해할지라도 솔직하게 거절한다.

이렇듯 '자기주장이 강한 것'의 기본은 당당하고 솔직한 대화이지, 그 이상도 그 이하도 아니다. 다시 말하지만, 이런 태도는 선천적으로 타고나는 게 아니라 훈련을 통해 얼마든지 발전시킬 수 있다.

이 책에서는 누군가의 부탁을 거절할 때 당당하게 자기주장을 하는 방법에 대해 살펴보려고 한다. 이것이 바로 이 책의 출간 목적이자, 당신의 삶 전반에 걸쳐 더 강하게 자신의 목소리를 낼 수 있는 첫걸음이 될 것이다.

자기주장을 제대로 표현하는 법을 배우면 자신이 필요로 하고, 원하는 것을 더욱 강력하게 요구하게 된다. 자신의 의견을 이전보다 더 거리낌 없이 말하게 되며 자신의 목소리를 내지 못하거나 의지가 없는 사람들을 대신하여 목소리를 높일 수도 있다.

이 책을 통해 당신의 삶을 바꿀 수 있는 가장 간단하면서 아름다운 말은 'Yes!'가 아니라 'No!'라는 사실을 알게 될 것이다. 당신도 이 말을 더 능숙하게 말할 수 있게 되기 바란다. 투자의 귀재라는 워런 버핏Warren Buffett은 이렇게 말했다고 한다.

"성공한 사람들과 더 성공한 사람들의 차이점은, 더 성공한 사람들은 항상 'No!'를 먼저 말한다는 것이다."

자기주장이 강하다는 것의 진짜 의미 ——— 05

무례하지 않게 자기주장하는 법

자기주장이 강하다는 말과 공격적이라는 말을 구분할 필요가 있다. 흔히 사람들은 두 가지 표현을 비슷한 의미로 받아들이고 있지만, 이 말들은 완전히 다른 행동을 가리킨다.

강하지만 건전하게 자기주장을 하는 태도는 존경할 만하다. 앞서 언급했듯이 자기주장이 강하다는 말은 상대의 위치나 태도와는 상관없이 자기 의견을 자신감 있게 표현한다는 뜻이다.

이에 반해 공격적이라는 말은 적대적인 태도를 의미한다. 공격적인 사람은 남에게 무례하고, 남을 함부로 무시하며, 힘으로 찍어 눌러 위협하듯 말을 한다. 다양한 상황에서의 예를 통해 자기주장이 강한 것과 공격적인 것의 차이를 알아보자.

반대의견을 말할 때

- **자기주장이 강한 경우** : 상대의 말을 다 들은 뒤에 반대 의견을 말한다.
- **공격적인 경우** : 상대의 말이 끝나지 않은 상황에서 그의 말을 끊고 자기 의견을 말한다.

여러 사람과 대화할 때

- **자기주장이 강한 경우** : 다른 사람들에게 말할 기회를 주고, 그들을 존중하는 태도를 보이며 자기 생각을 말한다.
- **공격적인 경우** : 대화를 지배하려고 한다. 상대의 기분은 생각하지 않고 말을 중간에 끊어버리고 의견을 깔아뭉개듯 거칠게 말한다.

극장에서 조용히 해달라고 말할 때

- **자기주장이 강한 경우** : 시끄러운 관객에게 목소리를 낮추어 달라고 조용하고 정중하게 부탁한다.
- **공격적인 경우** : 고압적인 태도로 다른 사람들에게 다 들리도록 목소리 좀 낮추라고 거칠게 요구한다.

카페에서 잘못 나온 음료를 보상해달라고 할 때

- **자기주장이 강한 경우** : 바리스타에게 문제를 설명하고, 음료를 다시 만들어달라고 점잖게 요구한다.

- **공격적인 경우** : 바리스타의 실수를 비난하면서, 힐난하듯이 음료를 다시 만들라고 요구한다.

- **자기주장이 강한 경우** : 부탁을 분명하게 거절하면서 대신 도움을 줄 수 있는 사람을 추천한다.
- **공격적인 경우** : 부탁한 사람을 무시하거나 업신여기면서 도와주기 싫다고 과장되게 대답한다.

이제 둘의 차이를 충분히 이해했을 것이다. 공격적인 대처 방식에는 흔히 충동적인 면이 있다. 공격적인 사람은 상대방에게 적대적이거나 배려 없이 반응하고 뒤늦게 자신의 행동을 후회하기도 한다.

반면에 자기주장이 강한 사람은 사전에 계획하고 사려 깊게 행동하며 상대를 배려하는 것을 잊지 않는다. 즉 상대방의 기분을 생각하면서 명확하게 자신의 의견을 말하는 것이다.

한 마디로 말해서 공격적인 사람은 시끄럽고 자기 의견을 무조건 고집하며 자신만을 생각한다. 반면 자기주장이 강한 사람은 상대의 입장을 인정하면서 우아하게 자기 생각을 전달하는 법을 알고 있다.

우아하게
거절하기

단호하게 거절하되, 우아하고 품위 있게

나는 단순히 당신의 시간을 요구하는 부탁을 어떻게 거절할지 알려주기 위해 이 책을 쓰지 않았다. 거절은 누구든 할 수 있다. 이 책의 진정한 목적은 어떻게 하면 상대를 배려하면서 죄책감을 느끼지 않고 거절할지 그 방법을 알려주는 데 있다.

이때는 약간의 우아함이 필요하다. 여기서 말하는 우아함을 품격이라는 표현으로 바꿔도 좋다. 이런 태도는 도움을 거절당했을 때 상대방이 느낄 감정을 충분히 고려하면서도 자기본위의 태도를 버리지 않는 것을 의미한다.

지금부터 들려주는 상황이 어쩐지 친숙하지는 않은지 생각해보라. 당신은 지금 신경이 곤두서 있다. 내일까지 마쳐야 할 프레젠테이션 자료 정리는 절반도 끝나지 않았는데 전화는 쉬지 않고 울리고, 일은 너무 더디다.

그런데도 누군가 소소한 부탁을 해오면 순한 양처럼 일일이 응대해주고 있다. 당신은 이제 슬슬 진절머리가 나기 시작했다. 정작 자기가 할 일은 한 발짝도 진척시키지 못하면서 누군가의 부탁을 계속 들어주고 있는 자신에게 짜증이 난 것이다.

그런데 이때 동료가 당신을 찾아온다. 그는 당신이 얼마나 스트레스를 받고 있는지 모른 채 다짜고짜 새로운 프로젝트를 위한 초안 작업을 도와달라고 한다. 예전 같으면 그 말에 재빨리 순응했겠지만, 오늘은 그를 노려보며 낮은 목소리로 말한다.
"지금 시간이 없어! 내가 바쁜 게 안 보여?"
동료는 당신의 모습을 낯설어하며 할 말을 잊은 채 뒷걸음질을 친다. 당황해하는 그를 보며, 당신은 문득 미안함을 느끼면서 뭔가 잘못되었음을 느낀다.

왜 사람들은 내가 처해 있는 상황을 이해하지 않고, 나의 정당한 의사 표현에 황당하다는 표정을 짓는 것일까? 내가 잘못한 것은 하나도 없는 것 같은데, 왜 이상한 사람 취급을 할까?
어찌 되었든 당신은 동료의 부탁을 거절할 수 있었다. 그러나 결국엔 그의 마음을 상하게 했고, 분노를 포함한 다른 나쁜 감정까지 유발하고 말았다. 이렇게 해서 생길 부작용도 걱정된다. 지금의 일이 앞으로 있을 그와의 일에서 어떻게 작용될지 모르기 때문이다

부끄럽게도 이런 상황은 예전에 내 삶에서 항상 반복되었던 장면이다. 예스맨이었던 시절에 나는 늘 일에 쫓겨 곧잘 침착함을 잃었다. 내가 기분이 안 좋을 때, 운 나쁘게 걸리는 사람은 누구라도 내가 쏟아내는 분노를 고스란히 받아야 했다.

문제는, 그러고 나서 내가 항상 후회했다는 점이다. 동료들이 나를 적대시하며 따돌리지 않을까 두렵기도 했다. 언제나 순순히 남의 부탁을 들어주던 예스맨이 어느 날 갑자기 발톱을 드러내며 으르렁거리듯 싫다고 외치자, 그들은 예전의 내가 아니라며 나를 이상하게 바라보았다.

이런 상황이 낯설지 않은 당신을 위해 이 책에서는 단호하게 거절하되, 품위를 잃지 않고 우아하게 'NO!'라고 말하는 방법을 제시할 것이다. 그리고 무엇보다도 당신의 마음에 미안함이나 죄책감이 자리하지 않고도 거절할 수 있는 무기를 손에 넣을 수 있는 기술을 가르쳐줄 것이다.

예스맨의 비애를 기억하라

이 책은 총 4장으로 구성되어 있는데, 모든 부분이 다 중요하다. 각 장에서는 자신의 원칙을 세워서 우아하고 당당하게 거절하는 법과, 이런 상황에서 부딪히게 되는 문제를 부연 설명하는 내용이 뒤따른다.

책을 다 읽을 때쯤 당신은 두 가지 중요한 사실을 알 수 있다. 첫째, 다른 사람의 부탁을 거절하기가 왜 그렇게 힘이 드는지 그 이유를 정확하게 이해하게 된다.

둘째, 죄책감 없이 거절하는 법과, 그러면서도 상대방이 나를 존중하게 만드는 법을 배우게 된다. 이 두 가지 문제는 어쩌면 전혀 관련이 없어 보일 수도 있다. 거절당한 사람이 상대방을 존중한다는 것은 흔히 찾아볼 수 없는 일이기 때문이다.

그렇지만 이 책의 마지막 페이지까지 읽은 당신은 우아하게 거절하는 자신의 모습을 발견할 수 있을 것이다. 우선 책의 내용을 요약하면 다음과 같다.

1장 : 예스맨의 습관

우리는 이제 이 책 1장의 끝을 향해 달려가고 있다. 앞으로 다루게 될 아이디어들과 전략들을 설명하기 위해 지금까지 토대를 다졌다. 사실 내가 전직 예스맨이었다고 솔직히 밝힌 이유가 있다.

첫째, 나의 욕구보다 다른 사람의 요구가 더 우선시될 때 내가 느꼈던 좌절감에 대해 말하고 싶었다. 분명 당신도 이런 좌절감에 공감할 것이다.

둘째, 아무리 지금은 거절이 힘들더라도 당신도 자신 있게 거절할 수 있다는 걸 보여주고 싶었다. 내가 할 수 있다면 분명 당신도 할 수 있다.

1장에서는 자기주장이 강하다는 것의 개념을 설명하며, 공격성과의 차이점에 대해 말했다. 둘의 차이점을 설명한 이유는 상대방을 존중하는 태도로 우아하게 거절하는 일의 중요성을 강조하기 위해서였다.

2장 : 거절이 힘든 이유

자기 모습에서 바꾸고 싶은 부분이 있다면 왜 그런 행동을 하는지 그 이유를 먼저 파악하는 게 중요하다. 따라서 2장에서는 거절해야 하는 상황인 것을 뻔히 알면서도 부탁을 들어주는 이유를 살펴본다.

어떤 이유는 친숙하게 느낄 수 있다. 바로 당신의 개인적인 동기를 반영하고 있기 때문이다. 또 어떤 이유는 생소하게 느껴질 수 있다. 그러나 자세히 보면 이 역시 당신이 거절을 힘들어하는 원인 중 하나라는 걸 이해할 수 있다. 2장에서 나는 우리의 동기와 잠재의식, 그리고 의식을 살펴보고 긍정적인 변화를 이끌어내기 위한 방법을 제시하고자 한다.

3장 : 거절의 10가지 전략

3장에서는 죄책감을 느끼지 않고 상대방의 도움 요청을 거절할 수 있는 구체적인 전략들을 알아본다. 이를 통해 당신은 가장 단순한 방법이 가장 효과적인 방법이라는 사실을 알게 될 것이다.

특히 3장에서 소개하는 전략들은 상대의 적대적인 반응을 줄이고, 오히려 그의 신뢰와 존중을 끌어내는 데 큰 도움이 될 것이다.

예를 들어 친구에게 도움을 청하는 말을 어렵게 꺼냈는데, 거절을 당하면 섭섭하기도 하고 일방적인 태도에 화가 나기도 할 것이다. 친구와 나의 입장이 바뀌어도 마찬가지다. 그렇기에 거절을 하면서도 상대가 존중받고 있다는 느낌을 이끌어낼 수 있는 방법이 필요하다.

4장 : 보너스 자료

삶의 태도를 바꾸는 새로운 전략을 배울 때 힘든 점은, 그 전략을 자신의 상황에 어떻게 적용할지 구체적인 방법을 이해하는 일이다. 거절하는 방법을 배울 때도 마찬가지다.

4장에서는 앞에서 배운 전략들을 어떻게 적용할지를 부연 설명한다. 친구와 친척, 상사와 동료에 이르기까지 당신이 만나는 다양한 사람들과의 관계에서 거절의 기술을 어떻게 적용할 수 있을지 알게 된다.

이 책은 빠른 속도로 전개되는데, 당신은 최소한의 시간을 투자하여 거절의 기술에 관한 핵심 사항을 배우게 될 것이다.

당당한 거절을 위한 사용설명서

이 책은 일종의 거절 사용설명서로, 당신의 삶의 태도에 긍정적인 영향을 미칠 실용서다. 이 책을 음식에 비유하자면 애피타이저에서부터 디저트까지 준비되어 있는 코스 요리로, 거절의 기술에 관한 모든 내용이 다 들어 있다.

거절의 기술에 대해서는 어느 하나 빠진 부분이 없이 꼼꼼하게 설명하고 있기 때문에 당신이 어느 단계에 있든 상관없이 당신의 욕구를 모두 충족시킬 것이다.

아마 이 책을 가볍게 훑어버리고 싶은 충동을 느낄 수도 있다. 하지만 이 책을 최대한 활용하려면 색다른 방식으로 읽어볼 것을 제안한다. 각 장을 읽고 나서 잠시 책을 내려놓자. 그리고 책 속에서 배운 내용을 당신의 삶에 적용해보자.

예를 들어 〈2장 : 거절이 힘든 이유〉 편에서는 낮은 자존감이 내 삶에 어떻게 작용하는지, 왜 낮은 자존감 탓에 부탁을 거절하지 못하게 되는지를 설명한다. 2장을 읽고 나서 책 읽기를 잠시 멈추고 다른 사람들과의 관계에서 당신의 자존감이 어떤 영향을 미치는지를 생각해보자. 그리고 자신의 욕구를 달성하는 데 낮은 자존감이 어떻게 문제로 작동하는지도 고민해보자.

이런 식으로 이 책을 활용하면 자신만의 경험에 맞는 내용을 마음속에 새겨둘 수 있고, 삶의 현장 곳곳에서 거절의 기술을 적절하게 발휘하는 경험의 위력을 실감하게 될 것이다.

〈3장 : 거절을 위한 10가지 전략〉을 읽을 때는, 배운 내용을 실제로 적용할 기회를 찾아보자. 각각의 전략을 시험 삼아 직접 사용해보고, 그 효과를 일일이 기록하자.

그 사람의 반응은 어떠했는가? 거절의 전략을 사용한 결과, 상대방은 당신을 어떻게 생각하고 있는가? 또한 각각의 전략은 당신의 시간에 관한 권리를 되찾는 데 얼마나 도움이 되었는가? 이 모든 것을 낱낱이 적어보자. 이것이 바로 삶을 변화시키는 적극적인 자세로, 이런 과정을 거쳐 당신은 예스맨을 졸업하게 된다.

〈2장 : 거절이 힘든 이유〉 편을 읽기 전에, 당신을 위해 당신이 꼭 해야 할 일이 있다. 간단한 일이지만 이 책에서 최대한의 가치를 얻고 싶다면 반드시 해야 할 일이다. 그것은 이 책에서 배운 내용을 실제로 사용하겠다고 '약속'하는 것이다.

이 책을 읽고 나서, 그냥 아무것도 하지 않고 책을 덮고 싶은 마음도 이해한다. 예스맨의 습관에 젖어 있는 사람이라면 더욱 그렇다.

하지만 당신은 제발 그러지 않았으면 좋겠다. 이 책을 읽고 예스맨의 비애를 깨닫는다면 중요한 일의 절반만 하는 것이다. 가장 중요한 나머지 절반은 배운 내용을 실제로 적용해보는 것이다. 그렇게 한다면 생각이 변하고 습관이 바뀌어서 더욱 보람 있는 삶을 살게 될 것이다. 나와 약속할 준비가 되었다면, 이제 본격적인 내용으로 들어가보자.

The Art of Saying No

제 2 장

거절이
힘든 이유

확신에 찬 거절은 상대방을 기쁘게 하려고,
또는 최악의 경우 문제를 회피하기 위해
내뱉는 승낙보다 훨씬 낫다.

_마하트마 간디 Mahatma Gandhi, 인도의 민족운동 지도자

습관이 문제다

플리타 데이비는 초등학교 교사다. 대학을 졸업하고 곧바로 발령이 나서 지금은 8년 차 교사로 일하고 있다.

교육자의 길은 어릴 적부터 꿈꾸던 일이라 만족도가 아주 높다. 더구나 인구가 적은 자연 속의 소도시 학교로 발령이 났는데, 조용하고 평화로운 분위기가 마음에 들어서 언제까지나 이곳에서 아이들과 함께 어깨를 맞대며 지내고 싶은 마음이 가득이다.

이 학교의 교사는 모두 30명 남짓인데, 여성 교사는 그녀를 포함해 25명이나 된다. 교육 현장에서 남성 교사의 비율이 점차 줄어든다는 보도를 그녀는 매일 실감하고 있다. 젊은 여교사들이 매일 같이 남자들도 힘들만한 중노동을 감당하며 지내고 있으니 말이다.

학교가 오래된 건물이다 보니 복도 바닥이 흔들리면 여교사들이 우르르 달려가서 못질을 하고, 폭우가 쏟아질 때는 2층 건물의 옥상에 올라가 노후

배수관을 고쳐야 했다.

학교에 이런 일을 담당하는 직원들이 있지만 전부 고령이어서 건강하고 적극적인 성격인 플리타는 누구보다 앞장서서 이런 일들을 처리했다. 그러면 다른 교사들이 칭찬을 아끼지 않았는데, 그녀는 이런 때면 기분이 아주 좋았다.

칭찬을 받으려고 그런 일을 하는 건 아니다. 한 사람의 교사로서 아이들이 공부에 집중할 수 있는 분위기를 만들어주고 싶은 마음에서 자발적으로 떠맡는 일이다.

그러다 한번은 크게 다친 적도 있다. 건물 벽에 사다리를 걸쳐놓고 올라가 페인트칠을 하다 발을 헛딛는 바람에 그대로 바닥으로 곤두박질을 쳐서 어깨가 탈골되는 부상을 입었다.

병원에 누워 그녀는 자신의 생활 습관을 돌아보게 되었다. 학교에서 어떤 험한 일도 자진해서 떠맡고, 동료 교사들이 뭔가 부탁을 하면 거리낌 없이 'Yes'를 외쳤다. 그녀는 교과서에나 등장하는 전형적인 '착한 아이 증후군' 이었던 것이다.

그러다 보니 도움을 청하는 걸 당연하게 여기는 동료들이 많았다. 아무리 힘든 일이라도 머리를 끄덕이는 그녀를 하인처럼 부리는 선배도 있었다.

"이번 주말에 이사하는데, 도와줄래?"

"교장에게 업무 보고를 해야 하는데, 하나도 준비하지 못했어. 서류 작성 좀 대신 해줘."

"이번 주말에 손님들을 초청했는데, 요리 좀 부탁해!"

남들의 눈에 그녀는 아무 대가도 바라지 않고 무조건 배려하고 헌신하는 사람으로 보이는 것 같았다. 한 사람의 동료 교사이기 이전에 무조건 머리를 조아리는 충성스러운 하인으로 보는 사람도 있었다.

이렇게 살아가는 게 과연 옳은 것일까? 그녀는 말하자면 자기 집의 대문을 활짝 열어놓고 아무나 드나들도록 허락한 셈이었다. 그녀만의 사적인 영역이라곤 하나도 없이 아무나 들어와 이것저것 요구하도록 방치하는 삶 말이다.

결론은, 착한 사람으로 살아가는 게 무조건 옳은 것은 아니라는 것이었다. 그녀는 남들이 뭔가를 요구할 때 싫은 것은 싫다고 당당하게 거절하고, 설령 도와주더라도 그에 대한 정당한 대접을 받아야겠다고 생각했다.

그러면서 깨달았다. 나의 도움을 당연시하는 일이 없게 만드는 건 나에게 달렸지 남들의 태도에 달린 것이 아니라는 사실을 말이다. 그녀는 이번 기회에 '예스맨 습관'을 졸업하기로 단단히 마음먹었다.

'No!'라는 말의
무게

——— *08*

거절은 이기적인 행동이 아니다

'No'라는 말은 영어에서 가장 짧은 단어 가운데 하나지만, 우리는 이 말이 가진 힘이 너무나 막강해서 감히 입 밖으로 꺼내기를 두려워한다.

우리는 'No'라고 말해야 하는 상황에서조차 본능적으로 별일이 아닌 것처럼 말끝을 흐리거나, 그렇게 말할 수밖에 없는 변명을 늘어놓고, 심지어 미안하다며 사과까지 한다. 어째서 이렇게 짧은 말에 이처럼 엄청난 힘이 있을까? 달리 말하자면, 'No'라는 말은 왜 이토록 어려울까?

2장에서는 'No'라고 말하기 힘든 가장 흔한 이유들을 알아보고자 한다. 그중에서 당신에게도 해당하는 이유들 즉, 당신이 거절해야 하는 상황에 처할 때마다 그러지 못하고 끝내 'Yes!' 라고 답하게 되는 경우를 찾아볼 것이다.

우리들 대부분은 누군가의 부탁을 거절하는 일이 타인에 대한 배려라곤 하나도 없는 이기적인 행동이며, 원만한 인간관계를 망치는 지름길이라고 배워왔다.

문제는, 이런 생각이 우리의 가치관에서 큰 부분을 차지하고 있다는 점이다. 누군가 도움의 손길을 원할 때 몰인정하게 뿌리치는 것은 명예롭고 존경할 만한 사회인으로서 적절하지 못한 태도라고 인식하고 있다.

인도의 성인 마하트마 간디Mahatma Gandhi는 말한다.

"확신에 찬 거절은 상대방을 기쁘게 하려고, 또는 문제를 회피하기 위해 어쩔 수 없이 하는 승낙보다 훨씬 낫다."

당신의 경험을 떠올려보라. 골치 아픈 문제에서 한시라도 빨리 벗어나기 위해 재빨리 고개를 끄덕였다가 그것을 수습하느라 소중한 시간을 허비하며 애를 먹었던 일이 없는가?

속으로는 분명히 상대와 다른 의견을 가지고 있으면서도 그가 상사이기 때문에, 그의 기분을 맞춰주기 위해 'Yes!'를 외친 적은 없는가? 내 의견이 분명히 타당하고 합리적인데도 불구하고 주위 사람들이 다른 주장을 한다고 해서 어쩔 수 없이 대세에 굴복한 적은 또 없는가?

그리고 그 결과는 어떠했는가? 이런 사람들은 날이 갈수록 좌절감과 함께 씁쓸한 기분을 느끼면서 분노가 마음속에 쌓여도, 그저 오래된 습관처럼 'Yes!'를 외치며 산다.

예스맨의 진짜 비극은, 그가 그렇게도 애착을 가지고 뿌리내렸던 그 습관 탓에 다른 사람들로부터 오히려 무시를 당한다는 것이다. 그토록 무시를 당하지 않으려고 예스맨으로 살아왔는데, 정작 사람들은 그를 없는 존재로 여기고 외면하게 되는 것이다.

이제 당신은 이 책을 통해 거절이 두려운 진짜 이유에 대해 배우게 된다. 일단 이유를 알게 되면, 거절은 나쁜 행동이고 거절하는 사람은 냉정하고 이기적인 사람이라는 잘못된 생각에서 벗어날 여정의 첫걸음을 떼게 될 것이다. 자, 이제 시작해보자.

거절의 이유 1

: 남의 기분을 상하게 하고 싶지 않다

무조건 그가 원하는 대로 했어야 했나?

상대방의 기분을 나쁘게 할 의도 없이 말을 했는데도, 상대방이 몹시 기분 나빠하는 경우가 있다. 심할 때는 대놓고 화를 내며 나를 비난한다. 누군가 내게 도움을 청했는데 안 된다는 말을 했을 때가 그렇다.

아마 당신도 이런 경험이 있을 것이다. 누군가 당신의 시간 이나 관심, 또는 돈을 요구했는데 이를 정중하게 거절한다. 도 움을 청한 사람은 즉각적인 반응을 보인다. 실망과 분노의 표정 이 얼굴에 여과 없이 드러난다. 미간을 잔뜩 찌푸리고 인상을 쓴 채 입을 꽉 다문 모습은 당신을 적대시한다는 사실을 숨김 없이 드러낸다.

이쯤 되면 당신이 느낄 죄책감이 상상이 간다. 당신은 그저 지금으로서는 도움을 줄 수 없다고 말했을 뿐인데, 그렇게 심하게 실망한 태도로 나오다니 미안한 마음에 얼른 달려가 그냥 도움을 주겠다고 말하고 싶다.

싸늘한 분위기를 연출하며 돌아서는 그의 뒷모습에서 불쾌한 감정이 여실히 드러나고 있다. 나는 뭔가 잘못했다는 느낌을 지울 수가 없다. 인간관계를 이런 식으로 엉망진창으로 만들고 있는 나 자신이 한심하다는 생각마저 든다.

하지만 이 상황을 논리적으로 분석해보자. 우선 상대방이 느끼는 불쾌한 감정이 어떻게 해서 생겨났는지 알아야 한다. 그는 거절을 개인적인 문제로 받아들이고, 무시당했다는 생각에 마음이 상해서 그런 반응을 보인 것이다.

그렇다면 무엇이 진짜 문제인가? 도움을 받지 못하게 된 일인가, 아니면 무시당했다는 상황이 문제인가? 나는 이런 질문의 답을 찾기까지 오랜 시간이 걸렸다.

하지만 깨달음을 얻자 모든 게 달라졌다. 누군가의 도움 요청을 거절하더라도 상대를 존중하는 마음만 있다면 그가 그렇게 심하게 감정 표현을 하지 않을 것이고, 설령 기분이 상했어도 그건 내 탓이 아니라는 사실을 깨닫게 되었다.

거절은 나의 형편과 입장을 고려해서 뱉은 말이므로, 상대가 어떤 감정으로 받아들이든지 그건 내 문제가 아니었다. 이 결론에 이르자 나는 자유로워졌다. 거절할 수 없게 만들었던 두려움의 덫에서 나를 해방시킨 것이다.

지금까지 살아오면서 당신이 거절하는 말을 내뱉는 순간 기분 나빠했던 사람을 떠올려보라. 그리고 그때의 내 마음을 돌아보자. 내가 뭔가 크게 잘못했다는 생각이 들었는가? 다시 말해서 무조건 그가 원하는 대로 했어야 했다고 자책하지 않았나?

거절의 말을 하면서 죄책감을 느낄 이유가 전혀 없다는 점을 분명히 이해하자. 상대에게 예의 바르고 솔직하게만 대한다면, 그가 느끼는 나쁜 기분은 당신의 책임이 아니다. 이런 태도야말로 앞에서 강조한 자기본위의 삶의 모범적인 원칙이다.

거절의 이유 2

: 다른 사람을 실망시키기 싫다

------ **10**

실망은 전적으로 그 사람의 문제다

당신은 주위 사람들이 나로 인해 실망하는 걸 원치 않는다. 당신의 말이나 행동에 누군가 슬픈 표정을 지으면, 나와 마찬가지로 당신도 어쩔 줄 몰라 할 것이다. 나 때문에 슬퍼하고, 나로 인해 실망하는 모습을 지켜보는 것만으로도 당신이 지켜나가려는 삶의 원칙에 대해 근본적인 의심을 품게 된다.

하지만 당신이 느끼는 죄책감은 근거가 없다. 도움을 청하는 사람의 손을 잡아주지 않았을 때 상대방이 실망하는 것은전적으로 당신의 책임이 아니라는 얘기다.

이 사실을 완전히 받아들이려면 상대방이 실망하게 되는 과

52

정을 이해해야 한다. 보통 우리는 기대감이 충족되지 않을 때 실망한다. 지금까지 살면서 실망했던 순간을 떠올려보라. 예상한 결과가 나오지 않을 때 분명히 실망했을 것이다.

예를 들어 어느 음식점에 대해 호의적으로 평가한 신문 기사를 읽은 후 그곳을 방문했는데, 맛있기는커녕 모든 면에서 실망스러웠던 경험이 있을 것이다. 기대감을 충족시키지 못했기 때문이다.

시험에서 좋은 성적을 얻을 거라 기대했는데 막상 형편없는 성적표를 받았을 때, 우리는 실망감에 몸을 떨게 된다. 회사에서 승진을 기대하고 있었는데 승진 명단에서 빠졌다면, 혹은 거래처와의 미팅에서 거래가 성사되기를 기대했다가 무산되어도 마찬가지로 실망감이 엄습한다.

당신이 동료의 부탁을 거절했을 때, 그에게 실망감이 어떻게 작용할지 생각해보라. 동료가 당신에게 도움을 요청했다고 치자. 이에 당신은 할 일이 이미 쌓여 있어 도저히 시간을 낼 수 없다며 그의 부탁을 거절한다.

그러자 동료는 눈에 띄게 실망한 표정을 짓는다. 하지만 그의 실망감이 당신 탓인가? 아니면 그가 애초부터 당신에게 부탁하면 무조건 도와줄 거라는 기대감을 갖고 부탁한 것이 문제인가?

만약 당신이 예전에 도움을 청하면 언제든 도와주겠다고 약속한 적이 있다면, 동료가 느끼는 실망감은 당신의 탓일 수 있다. 하지만 그런 적이 없는데도 함부로 남의 시간을 빼앗으려다 의도대로 되지 않자 실망한 표정을 짓는 것은 전적으로 그 사람의 문제다.

이런 사실을 분명히 인식하고, 공과 사의 울타리를 확실하게 구분한다면 나의 거절이 상대를 실망에 빠뜨릴 수 있고, 그로 인해 인간관계가 엉망이 될 수 있다는 두려움을 떨쳐버리기가 한결 쉬워질 것이다.

아무 일에나 무조건 고개를 저으며 독불장군처럼 살아가라는 말이 아니다. 궁지에 몰린 동료를 모른 체하고, 그를 외면한 채로 당신만 혼자 잘 살라는 말은 더욱 아니다. 예스맨의 습관에서 벗어나 승낙과 거절의 경계선을 분명히 그으며 살라는 의미다.

당신이 거절의 의사 표현을 했을 때 상대방이 느끼는 실망감은 당신의 잘못도, 책임도 아니라는 사실을 분명하게 이해하자. 이런 냉정함은 누구의 부탁이라도 더 이상 무턱대고 용납하지 않을 용기를 당신에게 줄 것이다.

거절의 이유 3

: 이기적으로 보이기 싫다

다른 사람들을 돌보기 전에 자신을 우선하라

우리는 타인의 시선에 신경을 쓴다. 다른 사람한테 자신이 주위 사람을 배려하고 남을 돕는 훌륭한 사람으로 인식되기를 바란다. 그렇기에 우리는 일상생활에서 직접적인 행동을 통해 좋은 사람처럼 보이려고 애를 쓴다.

예를 들어 마트에서 다른 사람이 지나가도록 출입문을 잡아준다거나 계산대 앞에서 줄을 서 있다가 말을 걸어오는 낯선 사람에게 미소를 지으며 인사를 하고, 그의 맥락 없는 수다도 다소곳이 들어준다.

이러다 보면 반드시 도움을 청하는 사람이 있게 마련이다. 그가 당신의 예스맨 기질을 알아차리고 도와달라고 손을 내밀면, 당신은 거의 기계적으로 승낙한다.

이런 행동들은 다른 사람이 나를 이기적인 인간으로 생각하는 걸 원치 않기 때문에 나오는 것이다. 어릴 적 학교에서는 선생님이 배려와 친절에 대해 반복해서 가르쳤고, 집에 오면 부모님께 다소곳한 아이가 되라는 말을 귀에 딱지가 생기도록 들었다.

그리하여 어른이 되어서도 남에게 좋은 사람으로 비치길 원하는 마음은 십분 이해가 된다. 하지만 바로 이런 사고 습관 탓에 우리의 시간과 관심이 요구되는 많은 일들이 있음에도 우선순위를 잘못 정하는 실수를 저지르게 된다.

사람은 누구나 주어진 시간이 정해져 있다. 그런데 누군가의 부탁을 승낙한다는 것은 나의 시간을 무상으로 제공하는 것이다. 이런 관점에서 봤을 때, 거절이 정말 이기적인 행동일까? 나는 결코 그렇지 않다고 생각한다.

앞서 말했듯이 나는 친구들이 이사할 때마다 아무리 바쁜 일이 있어도 항상 도와주는 사람이었다. 우리 집에는 픽업트럭이 있었고, 나는 항상 도울 준비가 되어 있었다.

하지만 내가 친구들을 도와준 시간 때문에 내 가족과의 생활, 나의 공부, 내가 좋아하는 취미생활을 할 시간은 그만큼 사라져갔다. 즉, 다른 사람들을 돌보느라 나 자신을 방치했고 가족과 학업을 뒤로 밀쳐두었던 것이다. 그러다 보니 언젠가부터 자연스레 남을 돕는 일에 점점 스트레스를 받았고, 나의 도움을 당연시하는 친구들 때문에 모든 게 공허하다고 느끼게 되었다.

나 자신을 돌보는 행동을 맨 먼저 생각하는 것은 결코 이기적인 게 아니다. 오히려 지금보다 한 단계 높게 삶을 향상시키려면 자기본위의 태도는 반드시 필요하다.

계속해서 남을 나보다 앞세우면 자신을 돌볼 수 있는 시간이나 에너지는 바닥까지 추락한다. 그러면 서서히 짜증이 나면서 일상의 모든 일을 냉소적으로 대하게 되기 쉽고, 마침내 자신의 삶 자체가 끔찍하다는 감정을 느끼게 될 수 있다.

다른 사람들의 부탁을 거절하면 그들이 당신을 이기적이라고 생각할까? 분명한 사실은, 그들이 무슨 생각을 하든 당신이 어떻게 할 수가 없다는 점이다. 당신은 그들을 위해 사는 게 아니다. 그들의 관점이나 인생관에 맞춰 살아야 할 의무가 당신에겐 없다는 뜻이다.

다시 한 번 말하지만, 당신이 할 수 있는 가장 책임감 있는 행동은 다른 사람들을 돌보기 전에 자신을 우선적으로 돌보는 것이다. 그러기 위해서는 다른 사람들의 요청을 거절할 수 있어야 하고, 그런 삶의 방식에서 여유를 찾으면 된다.

나에게 주어진 자원은 무한정 존재하지 않는다

최근에 남에게 도움을 주었던 기억을 떠올려보자. 당신의 도움
으로 상대방이 행복한 시간을 보냈을 테니, 덕분에 당신도 기분
이 날아갈 듯 좋았을 것이다.

우리는 이런 이유로 남을 돕고 싶어 한다. 누군가의 행복에
일조했다는 사실만으로도 가슴 벅차오르곤 하는데, 이런 감정
에는 중독성이 있다. 그래서 어떤 사람들은 자신의 욕구와 책임
은 뒷전으로 밀쳐두더라도 남을 도울 방법부터 찾는다.

어떤 사람은 주변에 도움이 필요한 사람은 없는지, 어려움에
처한 이웃은 없는지, 자발적으로 찾아다니기도 한다. 그러다 부

탁을 받으면 두 팔을 걷어붙이고 달려든다.

이처럼 남을 도와주고자 하는 욕구는 다른 사람들에게 애정을 품고 있다는 사실을 보여주고 싶은 마음에서 생겨난다. 더 나아가 그런 행동을 통해 내가 얼마나 중요한 존재인지를 보여주려고 하는 이유도 있다.

이들의 유형은 제각각이다. 어떤 사람은 궁지에 빠진 사람을 구하는 백기사 역할을 하고 싶은 충동 때문에 남을 돕고 싶어 한다. 또 어떤 사람은 남을 도움으로써 자신의 부족한 부분을 채울 수 있다고 말한다. 남을 돕고 감사의 인사를 들으면 자신에게서 부족한 부분이 채워지는 느낌이 든다는 것이다.

그들은 이타주의를 언급하며 배려와 헌신이 있는 삶의 가치에 대해 말하기도 한다. 그때마다 등장하는 또 다른 말은 이기주의다. 그들은 자기만의 울타리 안에서 저만 알고 사는 사람들의 삶에 행복은 존재하지 않는다고 말한다.

물론 남을 돕는 것은 좋은 일이다. 그러나 우리에게 주어진 자원은 무한정 존재하지 않는다. 우리가 쓸 수 있는 시간과 돈 그리고 관심은 한정되어 있다.

따라서 진정으로 나답게 살기 위해서는, 내가 가진 자원을 어떻게 사용할지 신중히 생각해야 한다. 무조건 타인을 앞세우고 다른 사람을 돕는 행위에서 행복을 찾는다면 자기다운 삶은 요원해질 수밖에 없다.

모든 사람이 자선 단체의 회원일 수는 없고, 그럴 필요도 없다. 곤란에 처한 어떤 사람에게 모든 이들이 도움의 손길을 뻗으면 좋겠지만, 그런 마음을 나눠 갖는 것만으로도 충분할 때가 있다.

꼭 기억하자. 다른 사람의 문제를 해결해주는 것은 당신의 책임이 아니다. 남을 절대로 도와주면 안 된다는 말이 아니다. 오랫동안 남을 도울 수 있는 최고의 방법은 자신의 욕구를 먼저 돌보는 것이다. 다시 말해, 자신을 돌보는 일을 결코 소홀히 해서는 안 된다.

거절의 이유 5

13

: 낮은 자존감에 떠밀려 살아간다

자존감이란 미끄러운 비탈길과 같다

자존감의 사전적 의미는 스스로 품위를 지키고, 자기를 존중하는 마음이라는 뜻이다. 이 말을 만들어낸 미국의 심리학자 윌리엄 제임스William James는 낮은 자존감은 지나치게 타인에게 인정받기를 원하고 끝없이 애정을 갈망하며, 개인적 성취에 대한 극단적인 열망을 표현하는 모습으로 나타나는 경향이 있다고 정의했다.

그러나 최근의 심리학계는 자존감이 모든 문제에 만능열쇠 같은 역할을 하는 것은 아니라고 보는 경향이 강하다. 미국의 심리학자 로이 바움에이스터Roy F. Baumeister는 말한다.

"자존감이란 미끄러운 비탈길과 같다. 우리는 자신감이 넘쳐서 마치 세계라도 정복할 수 있을 것 같은 기분이 들 때가 있다. 그러다 어떤 때는 자신감이 바닥을 쳐서 인생이 끝날 것 같은 상황에 몰리기도 한다. 그런 때는 혼자서는 아무것도 할 수 없을 것으로 생각한다."

이런 감정들은 우리의 자아상에 영향을 미치고, 우리가 느끼는 자기효능감self-efficacy을 결정한다. 심리학에서 자기효능감은 어떤 상황에서 적절한 행동을 할 수 있다는 기대와 신념을 말한다.

자기 확신이 없다면 자신은 부족하다는 생각이 들고, 그런 생각이 지나치면 수치심까지 느끼게 된다. 이 같은 감정은 남에게 제대로 거절을 하지 못하는 원인이 되기 때문에 거절에 어려움을 느낀다면 자신의 자존감에 대해 진지하게 성찰해보는 시간이 필요하다.

자존감이 바닥을 치면, 낮은 자아상에 짓눌리게 되어 나의 시간이 다른 사람의 시간보다 가치가 떨어진다고 생각하게 된다. 그리고 나의 목표와 관심사가 다른 사람의 것보다 덜 중요하게 여겨진다. 한 마디로 말해서 자존감이 부족하면 나의 가치가 다른 사람들의 가치보다 형편없이 낮다고 생각하게 된다.

이런 과정에서 자연스럽게 타인을 자기 자신보다 우선시하는 성향이 생긴다. 이를 알고 나면 누군가 도움을 청할 때, 분명히 거절해야 하는 상황인데도 우물쭈물대며 거절하지 못하는 습관이 충분히 이해가 된다.

하지만 이런 성향을 해결하기란 쉽지 않다. 낮은 자존감 때문에 힘들어하는 사람들은 수년간 이런 식으로 행동해왔고, 스스로를 개선할 의지가 없다면 평생 이렇게 행동하게 된다.

그렇다는 것은 자아상을 바르게 세우기 위한 노력은 오랜 시간이 걸리며 수많은 난관에 부딪쳐야 겨우 닿을 수 있는 목적지라는 뜻이기도 하다.

일단, 작은 것부터 결심하고 행동하자. 거절하는 습관이 가장 좋은 목표가 될 수 있다. 일단 거절하기 시작하면 자기효능감을 높일 수 있다. 거절을 거듭할수록 나의 시간이 상대의 시간 못지않게 중요하다는 사실을 깨닫게 되고, 자존감을 높이는 의미 있는 한 걸음을 뗄 수 있다.

거절의 이유 6

14

: 다른 사람이 좋아해주기를 바란다

착한 아이 신드롬

다른 사람들이 나를 좋아해주기를 바라는 욕구는 누구나 다 똑같다. 다른 사람들이 나를 매력적이라고 느끼고, 무한히 신뢰하며, 나와 함께 보내는 시간을 좋아하기를 바란다.

좋은 사람, 능력이 있는 사람, 배려심이 많고 따뜻한 감성을 지닌 사람이라는 평판도 듣고 싶다. 이런 욕구는 다른 사람들과 인간관계를 쌓아가는 데 반드시 필요한 요소로, 그렇기에 우리는 다른 사람들이 나를 받아들이기를 바라면서 그들과 교류하고 공감하기 위해 애쓴다.

어린 시절에 힘이 센 친구에게 쉽게 굴복하여 무엇이든 들어주는 아이들이 있었다. 그 친구에게 잘 보이려고 먹을 것도 자진해서 갖다 바치고, 그 친구가 그어놓은 울타리 안으로는 절대 들어가지 않으면서 어떻게든 눈에 들려고 했다.

왜 그랬을까? 그렇게라도 해야 소외되는 일 없이 마음 편하게 학교생활을 할 수 있었기 때문이다. 그런데 어른이 된 지금, 우리의 모습에서 어릴 때의 그 연약했던 어린아이의 얼굴이 겹쳐 보이지는 않는가?

우리는 동료나 상사의 부탁이 감당하기 힘들 때, 반드시 거절해야 한다는 걸 알면서도 쉽게 고개를 끄덕이고 만다. 이는 그들의 인정을 받고 싶은 마음에서 나오는 본능적인 반응으로, 이를 심리학에서는 '착한 아이 신드롬good boy syndrome'이라 부른다.

이것은 타인으로부터 착한 아이라는 반응을 듣기 위해 내면의 욕구를 억압하는 말과 행동을 반복하는 심리적 콤플렉스를 뜻한다. 이런 심리는 부모로부터 버려지지 않을까 하는 공포감에서 생긴다. 부모를 비롯한 가족이 농담으로라도 '말을 듣지 않으면 쫓아내겠다'는 식의 강압적인 분위기를 반복할 때 아이의 가슴에 이런 불안 심리가 싹트게 된다.

거듭 말하지만, 나는 어린 시절부터 주위 사람들이 나를 좋아해주길 간절히 원했다. 거절한다는 것은 다른 사람들로부터 인정받을 기회를 포기하고 스스로 외톨이의 세계로 들어간다는 것을 의미하기에 언젠가부터 내 사전에서 '거절'이라는 말 자체를 지워버렸다.

예전의 나처럼 다른 사람들에게 인정받고 싶은 욕구, 타인의 삶 속으로 들어가 중요한 역할을 맡고 싶은 욕구가 바로 예스맨이 되는 주된 원인이다.

어떻게 하면 좋을까? 자기 안의 '착한 아이 증후군'을 직시하는 게 거절의 기술을 익히는 첫걸음이다. 잘못된 행동의 원인을 알게 되면, 그것에 대해 진지하게 생각해보고 자신의 가치관에 맞게 고칠 수 있다.

삶의 목적을 세우고 착실히 거절하는 기술을 배우면, 친구와 가족과 동료의 눈에 비치는 당신의 위상이 저절로 높아지게 된다. 더 이상은 자기들 마음대로 해도 되는 사람으로 여기지 않게 된다는 얘기다.

거절의 이유 7
: 중요한 사람으로 보이고 싶다

자기 삶의 우선순위를 분명히 한다

최근에 누군가에게 도움을 주었던 때를 떠올려보라. 그 사람은 당신에게 조언을 구하거나 구체적인 부탁을 하는 등 어떻게든 도움을 얻기 위해 다가왔을 것이다.

그때 당신의 기분은 어떠했는가? 분명히 기뻤을 것이다. 누군가 나의 가치를 알아준다는 것은 무척 기분 좋은 일이다. 우리는 자신이 중요하고 필요한 사람이라는 인정을 받을 때 존재감을 느낀다. 그래서 짧은 순간이라도 다른 사람들의 눈에 실제보다 더 대단하게 보이고 싶어 하는 마음에서 거절을 못하는 착한 어른이 되기도 한다.

그러면 그런 기분에 취해서 자신의 가치를 더 입증할 수 있고 자신이 중요한 사람이라는 이미지를 더 강하게 만들어줄 기회를 계속 찾는데, 이런 성향이 뿌리를 내리면 곧장 예스맨들의 대열에 합류하게 되는 것이다.

동료가 당신에게 다음 주에 있을 프레젠테이션의 준비 자료 작성을 거들어달라고 부탁하면서 이렇게 말한다.

"우리 회사에서 프레젠테이션 자료를 잘 만드는 사람은 너밖에 없잖아? 최고 전문가의 비결 좀 가르쳐줘."

사실이든 아니든 전문가로 지목된 것은 당신의 기분을 치솟게 한다. 그러면 당신은 당장 끝내야 할 일을 뒷전으로 밀쳐둘지라도 못 이기는 척 부탁을 들어주면서 전문가라는 이미지를 한층 더 굳히고 싶어 할 것이다. 이와 동일한 이유로 당신은 계속 다른 사람의 부탁을 들어주게 된다.

친구가 당신에게 연애 상담을 부탁하면서 당신의 조언이 자신에게 큰 도움이 될 거라고 말한다. 당신은 친구가 계속해서 가치 있는 사람으로 인정해주길 원하면서 선뜻 손을 내민다.

부장님이 부르더니 이번 주말에 이사하는데 도움을 청한다. 부장님은 믿음이 가는 후배여서 나에게 부탁한다고 말한다. 여기서 중요한 것은 이런 일이 너무 잦다는 것이다.

누군가의 부탁을 들어주는 일은 시간이 많이 소요된다는 걸 의미한다. 남의 부탁을 들어주지 않았다면 그 시간에 당신에게 더 중요한 일들에 몰두할 수 있었다.

예를 들어 친구의 부탁을 들어주지 않았다면 밀려 있는 업무를 처리할 수도 있고, 부장님의 집에서 이삿짐을 나르는 일을 거절했다면 아이들과 함께 즐거운 추억을 만들 수 있었을 것이다. 문제는, 타인의 삶에 무상으로 제공한 나의 시간은 영원히 되돌릴 수 없다는 사실이다.

그렇다고 남의 부탁을 항상 거절하라는 것이 아니다. 당신은 왜 다른 사람의 요구를 무엇보다도 중요하게 생각하는가? 타인의 소소한 일상이 당신의 일이나 시간보다 중요한가?

남을 돕는 것은 좋은 일이다. 그러나 우선순위를 뒤집으면서까지 자기희생을 하는 것은 나쁜 습관으로 이어져서 결국엔 씁쓸한 기분과 자신에 대한 분노로 남게 될 가능성이 크다.

거절의 이유 8

16

: 기회를 놓칠까 봐 두렵다

잘못된 기회와 올바른 기회를 구분하라

상사의 뜻을 거절하면 승진이나 임금 인상, 또는 새로운 프로젝트에서 배제될 수 있다는 두려움 때문에 억지로 고개를 끄덕인 적이 있는가?

이를 '기회 상실의 두려움fear of missing out'이라고 하는데, 이는 자칫하다 좋은 기회를 놓칠 수도 있다는 가능성 때문에 느끼는 불안감을 말한다. 이 때문에 거절이 더 좋은 결정일지 모르는 상황에서 많은 사람들이 끝내 수락하고 만다.

어느 날 사장님이 당신이 혼자 감당하기에는 무리인 일을 부탁한다. 당신은 이렇게 생각한다. '이번 일을 들어주면 나에게

승진의 기회를 주지 않을까? 사장님의 눈에 들려면 아무래도 순순히 승낙하는 게 좋겠지?'

강박증은 불안장애의 하나로, 자신의 의지와는 상관없이 어떤 특정한 사고나 행동을 떨쳐버리고 싶은데도 결국 하게 되는 상태를 말한다. 이런 심리가 강하게 뿌리를 내리면 자연스레 강박증으로 발전된다. 심리학자들은 강박증을 겪는 사람은 중요한 정보나 기회를 상실하는 것에 대한 걱정에 휩싸여 있다고 말한다.

착한 어른으로 살아가는 예스맨의 삶이 그렇듯이, 마음속으로는 간절히 거절하고 싶은데도 승낙의 관성에 발목이 잡혀버려 시도 때도 없이 반복적으로 고개를 끄덕이며 살아가게 된다는 이야기다.

직장인들에게 이런 경우는 의외로 많이 벌어진다. 새로운 프로젝트를 맡지 않겠다고 하면 경력에 오점을 찍게 될지 모른다는 두려움 때문에 승낙한다.

친척이 돈을 빌려달라고 하는데, 거절하면 인색한 인간이라고 소문을 퍼뜨릴지 모른다는 걱정 때문에 억지로 머리를 끄덕인다. 친구들과 함께 하지 않으면 왕따가 될지 모른다는 불안감 때문에 중요한 일이 있는데도 억지로 합류하고, 도저히 지킬 수 없는 약속인데도 일단 상대의 기분을 좋게 하기 위해 동의부터

해놓고 보는 경우도 있다.

소셜미디어는 이런 경향을 더욱 재촉한다. 우리는 SNS를 통해 남들이 경험하는 화려하고 멋진 일들을 보면서 나는 왜 그렇게 살지 못하는지 자책한다. 그리고 우리는 소외되지 않기 위해 타인의 세계 속으로 자발적으로 들어간다.

그 결과, 우리는 더 많은 기회를 잡으려고 노력했는데 오히려 집중력이 떨어져서 많은 것들로부터 외면을 당하고, 끝내 좌절감을 느끼게 된다.

왜 이런 일이 벌어질까? 나에게 별로 중요하지 않은 일을 억지로 하려다 보니 어쩔 수 없이 자신을 너무 혹사하기 때문이다. 기회를 잡으려는 게 문제가 아니다. 문제는, 잘못된 기회와 올바른 기회를 구분하지 못한다는 데 있다.

하루에 주어진 시간은 정해져 있기에, 모든 일을 전부 해낼 수는 없다. 손에 들어갈 만큼의 모래를 쥐어야 빠지지 않는다. 얻는 기회가 있으면 놓치는 기회도 있는 법이다. 이것이 우리가 거절을 배워야 하는 중요한 이유 중 하나다.

어떤 기회를 거절하면, 나중에 정말로 가치 있는 것이 될 다른 기회를 잡을 수 있는 여유가 생긴다. 습관을 바꾸려면 생각이 바뀌어야 한다. 나의 목표와 관심사에 맞는 기회를 계속 주시하면서 가장 중요한 것 하나만을 잡겠다는 생각의 전환이 필요하다.

자존감이 낮은 사람들의 자기비하 습관

절대로 거절을 받아들이지 않는 사람들을 종종 만나게 된다. 그들은 자신의 요구를 거절하는 사람을 상대로 정서적 괴롭힘을 비롯한 갖가지 방법을 동원해서 압박을 가하여 끝내 자기 뜻을 관철한다.

정서적 괴롭힘이란 자신의 목적 달성을 위해 다른 사람에게 공포심을 조장하거나 화나게 만들거나 남의 시선을 의식하게 만드는 걸 말한다. 다음과 같은 다양한 방법으로 행해진다.

- 호통치기
- 욕하기

- 협박하기
- 모욕하기
- 수치심 주기
- 왕따시키기
- 비난하기

그 밖에도 다양한 방법으로 거절하는 상대가 죄책감이나 두려움, 수치심, 당혹감을 느끼게 만든다. 이들이 비논리적으로 퍼부어대는 이런 말과 행동에, 상대방은 그런 행위를 중단시키기 위해서라도 부당한 요구를 들어주게 된다.

정서적 괴롭힘은 물리적인 폭력보다 더 깊은 상처를 남기기 때문에 이를 피하기 위해서라도 고개를 끄덕이고 마는 경우가 많다. 학교나 직장에서 은밀히 행해지는 왕따가 대표적인 경우다.
우리는 위에 열거한 정서적 괴롭힘이 얼마나 악랄하게 상대방을 파괴하는지를 잘 알고 있다. 초등학교에서 왕따로 인한 고통을 견디다 못해 자살하는 어린아이가 있는가 하면, 회사원이 동료들의 왕따에 힘들어하다가 정신과 치료를 받는 경우도 있다.

어떤 사람들은 이런 상황에 처하는 것을 두려워해서 자진해서 허리를 굽히며 예스맨의 길을 걷는다. 어떻게 해서든지 비위를 맞춰 상대의 정서적 괴롭힘에서 벗어나려 한다.

　문제는, 그럴수록 가슴에는 열패감이 쌓인다는 것이다. 꼭 이렇게까지 해야 하는가라는 모멸감이 똬리를 틀기 시작하면, 그때부터 자존감은 바닥을 헤매게 된다.

　심리학자들은 이런 상황에 처할수록 자신을 소중히 대하라고 권한다. 자존감이 낮은 사람들은 보통 자신을 비하하는 말을 자주 한다. 혼자 중얼거리듯 자책하는 말을 하는 것이다.

　"나는 왜 이것밖에 안 될까? 나는 왜 이렇게 무능할까? 나는 왜 이렇게 재능이 없을까?"

　스스로를 상처 나게 하는 말들을 아무렇지도 않게 내뱉으면서 자신을 깎아내리면 그로 인한 상처는 고스란히 자신의 가슴속에 각인된다. 이런 일이 반복되면 결국 그 사람은 예스맨의 덫에 빠져서 돌이키기 힘든 상황으로 치닫는다.

　이런 상황에 빠지지 않는 하나의 방법은 동료에게 부적절한 요구를 삼가라고 당당하게 말하는 것이다. 상대방에게 그런 행동으로는 문제가 해결되지 않는다는 사실을 지적하는 것이다. 그렇게 하면 상대와 똑같이 진흙탕 싸움을 벌이지 않고도 괴롭힘에서 벗어날 길이 보이기 시작할 것이다.

거절의 이유 10

: 충돌이 싫다

거절의 습성이 생기면 충돌에 대한 내성이 생긴다

충돌에 대한 두려움이나 불안감 때문에 거절하지 못하기도 한다. 우리는 주위 사람들과 충돌을 피할 수만 있다면 어떤 일이라도 불사한다. 그중에서도 승낙은 충돌을 잠재울 수 있는 가장 쉽고도 빠른 방법이다.

내게도 그런 성향이 있었다. 나는 자라면서 다른 사람과의 충돌을 싫어했다. 나와 대화를 나누는 상대방이 불만스러워 하거나 화가 난 것 같거나, 심지어 약간만 실망한 표정만 보여도 즉시 상대를 달래며 그의 마음에 드는 말을 했다.

예를 들어, 나는 내가 뱉은 말 때문에 상대방이 불만을 느끼게 되면 즉시 그 말을 취소했다.

상대방   데이먼, 이번 주 금요일에 공항까지 태워다 줄래?

나   미안한데, 이번 주 금요일은 안 돼.

상대방   (무척 당황스러워하며) 뭐라고? 못 도와준다고? 그럼 너도 앞
으로 나한테 아무것도 부탁하지 마!

나   (충돌을 빨리 끝내고 싶어서) 알았어. 제발 진정해. 공항까지 데
려다줄게.

왜 그랬을까? 부탁하는 사람의 요구를 순순히 들어주는 게 내 생각을 주장하는 것보다 훨씬 더 쉬웠기 때문이다. 상황이 더 악화되기 전에 얼른 항복하고 요구를 들어주는 쪽이 마음이 편하기도 했다.

그렇게 나는 상대에게 친절히 대하면 충돌 가능성이 사라진다는 사실을 배웠다. 갈등을 예방하는 차원에서 내가 먼저 백기를 들어버리면 평화가 찾아오니 나름 최선의 선택이었다.

문제는, 충돌을 피하려고 상대에게 굴복하기 시작하면 당신의 감정이 타인의 감정보다 덜 중요하다는 생각이 한층 굳어진다는 것이다.

나는 지금 자신의 감정을 억누르면서 타인 위주로 살아서는 안 된다는 이야기를 하고 있다. 충돌이 두렵다면, 차라리 충돌에 맞서는 편이 좋다는 게 내 생각이다. 이를 위한 간단한 행동

습관이 있다.

첫째, 항상 화합할 수는 없다는 점을 인식하자. 사람들의 의견과 욕구는 언제나 상충하기 마련이다. 사람과 사람 사이의 마찰은 불가피하다는 사실을 받아들여라.

둘째, 충돌이 반드시 나쁜 건 아니라는 점을 기억하자. 충돌은 서로 다른 의견을 표현하는 것일 뿐이다. 충돌에 어떻게 반응하느냐는 완전히 별개의 문제다.

셋째, 작은 일부터 거절하는 연습을 하자. 충돌이 발생하지 않을 듯한 상황에서부터 시작하자. 예를 들어 옷 가게에서 옷을 구입한 뒤에 마음에 들지 않을 때는 점원에게 당당하게 사지 않겠다고 말하자.

점진적으로 거절이 큰 반응을 불러일으킬 수 있는 상황에서 거절해보자. 예를 들어 중고차를 사겠다고 결정했을 때, 계약 직전이라도 마음이 바뀌었으면 사지 않겠다고 말하는 것이다.

일단 거절의 습관이 생기면 충돌에 대한 내성이 길러진다. 근육을 계속 쓰면 튼튼해지는 것처럼, 내성도 계속 연습하면 키울 수 있다. 그러면 자신의 요구가 관철되지 않으면 화를 잘 내는 사람을 만나도 한결 편하게 거절할 수 있을 것이다.

습관은 얼마든지 바꿀 수 있다

예스맨의 습관이 몸에 밴 사람들이 의외로 많다. 이는 오랜 기
간에 걸쳐 학습된 습관으로, 학습 기간이 길수록 습관이 고착되
어 본능이 된다. 이런 습관은 자신의 의사와는 상관없이 튀어나
오게 된다. 도움을 청하는 목소리가 들릴 때마다 뇌가 스스로
그렇게 반응하도록 만드는 것이다.

최근에 별로 도울 생각이 없었던 일에 자신도 모르게 승낙했
던 경우를 떠올려보자. 부탁을 들어주면 당신에게 어떤 영향을
미칠지 생각하기도 전에 일단 승낙부터 하고 봤다면, 무조건 승
낙하는 행동이 학습된 것으로, 이는 착한 아이 증후군으로 고착
될 확률이 아주 높다.

여기엔 여러 가지 요인이 있을 수 있다. 예를 들어 어릴 때 'Yes'라고 승낙하면 부모님을 비롯한 다른 권위 있는 인물들의 칭찬을 받는다는 사실을 학습했을 수 있다.

승낙을 하면 다른 사람을 행복하게 만들고, 그 결과 자기효능감을 느낄 수 있다는 사실을 발견했을 수도 있다. 또는 동료의 부탁을 들어주면 더 강하게 소속감을 느낄 수 있다는 것을 깨달았을지도 모른다.

직장인 사회에서 이런 일은 빈번하게 나타난다. 예를 들어 이런 경우가 있을 수 있다. 스펙이 좋고 능력도 뛰어난 신입사원이 들어왔는데, 더구나 성격도 유달리 강해서 어느 모로 보나 만만하지가 않다.

선배인 사원이 몇 가지 일을 시켜봤는데, 자기 소관의 일이 아니라고 면전에서 거절하는 바람에 톡톡히 망신을 당했다고 한다. 그래서 몇몇 선배들은 머리를 맞대고 그를 어떻게 다룰지 궁리했다.

"저 녀석이 고분고분해질 때까지 왕따시켜버리자!"

그날로 사원들 전체에게 지령이 내려가고, 그때부터 신입사원의 고난은 시작된다. 그는 시간이 흐르고 누구도 상대해주지 않는 상황이 되어서야 자신이 왕따가 되었음을 인식한다.

방법은 두 가지다. 하나는 선배들의 추악한 행위에 맞서 싸우는 것이다. 싸우다가 지치거나 실패하면 과감히 사표를 집어 던지고 퇴사하면 된다.

두 번째는 최대한 고개를 숙이고 선배들의 우산 속으로 들어가는 것이다. 불행하게도 많은 사람들이 후자를 택한다. 평화롭고 안온한 예스맨의 세계로 들어가는 것이다.

과정이나 상황은 다르겠지만, 우리는 누구나 이런 기억들을 공유하고 있다. 이런 경험은 우리의 삶에 강력한 영향을 미친다. 다른 사람의 부탁을 들어주면 칭찬, 자기효능감, 사회적 포용 같은 단기적인 혜택들을 누릴 수 있다는 경험을 통해 타인의 부탁을 받아들이도록 훈련된다.

좋은 소식은, 모든 습관이 그렇듯이 본능적으로 승낙하는 성향을 학습 이전의 상태로 되돌릴 수 있다는 점이다. 뇌의 회로를 다시 복원하면 요청을 받을 때 더 심사숙고할 수 있게 된다.

문제 해결의 핵심은 아주 조금씩 바꿔나가는 데 있다. 처음에는 곧바로 승낙하지 않기에만 집중한다. 잠시라도 부탁받은 내용을 살펴보고, 부탁을 들어주었을 때 나에게 어떤 영향을 미칠지를 생각해본다.

이런 식으로 본능적인 승낙 반응을 일시적으로 중단시키면,

뇌에 입력된 습관의 회로를 바꾸는 데 도움이 된다.

그런 다음 부탁을 들어주려는 이유를 나열해본다. 상대에게 도움을 주려는 이유가 타당한가? 도움을 청하는 사람의 인정을 받고 싶은가? 도움을 청하는 사람이 나의 가치를 증명해주길 기대하는가? 그의 친구가 되는 게 그렇게도 중요한가?

이렇게 잠깐이라도 꼼꼼히 생각하다 보면 자동적으로 승낙하는 행동이 오랜 습관에서 비롯되었다는 사실을 알게 된다. 물론 오랫동안 반복된 경험을 통해 길러진 습관을 되돌리기란 쉽지 않다. 그러나 얼마든지 가능한 일이다.

우선 생각을 바꾸면 된다. 변화를 위한 실천은 그 다음이다. 생각이 변화를 일으키는 첫 단계이자 가장 중요한 과정이라는 점을 인식하자.

당신의
'예스맨 지수'는?

20

만성적인 예스맨 습관이 자신을 파괴한다

당신이 주위 사람들의 부탁에 얼마나 승낙을 잘하는지 알아보자. 이따금 예스맨이 되는 사람과 만성적으로 예스맨인 사람 사이에는 큰 차이가 있다. 지금부터 예스맨을 측정하는 척도에서 당신이 어느 지점에 있는지 확인해보자.

아래에 '예스맨 지수'를 알아보는 15개의 서술형 문장이 있다. 각 문장을 읽은 후, 내용이 완전히 맞지 않다면 1을 적고, 딱 맞다면 5를 적어서 1부터 5까지 점수를 매겨보자.

- ☐ 나는 뭔가에 강한 감정이 일어나도 절대 속내를 말하지 않는다.
- ☐ 기분이 좋지 않아도 사람들에게 미소를 보이고, 항상 친절해야 한다

고 느낀다.

☐ 나는 다른 사람들과 충돌하는 상황이 제일 두렵다.

☐ 나는 나 자신을 위해 무슨 일을 할 때마다 내가 너무 이기적이라고 느낀다.

☐ 나는 친구, 동료, 가족, 심지어 낯선 사람들에게도 나의 사적 영역을 침해하도록 아주 쉽게 허용하는 편이다.

☐ 나는 항상 다른 사람들이 원하는 인물이 되려고 노력한다.

☐ 나는 때때로 타인의 행복을 위해 나 자신의 행복을 희생한다.

☐ 나는 다른 사람들이 나에게 부정적인 감정을 느끼는 게 두렵다.

☐ 나는 다른 사람들이 나를 좋아해주기를 간절하게 원한다.

☐ 나는 다른 사람들의 앞에 서는 일을 항상 피한다.

☐ 나는 거절하는 게 두렵다.

☐ 내 결정에 다른 사람들이 어떤 반응을 보일지를 걱정하며 결정을 내리는 걸 주저한다.

☐ 나는 긍정적인 피드백을 받았을 때 대단히 기쁘고, 부정적인 피드백을 받았을 때 절망의 구렁텅이에 빠진다.

☐ 사람들이 나를 나쁘게 대해도, 나는 모든 인간이 선하다고 믿는다.

☐ 싫다고 말하면, 즉시 두려운 감정에 사로잡힌다.

당신은 거절하는 게 어렵지 않다. 당신의 시간과 다른 자원을 어떻게 활용할지에 대해 항상 합당한 결정을 내리며, 다른 사람이 당신의 결정을 비난해도 꿈쩍하지 않는다. 당신은 자신의 책무를 다하고 있으며, 자신의 행복을 위한 노력이 다른 사람을 기쁘게 하는 일보다 더 중요하다고 생각한다.

당신은 다른 사람들이 목표를 달성할 수 있게 도움을 줄 수 있는 방법을 알고 있다. 그렇기에 필요하면 다른 사람의 요청을 들어주기는 하지만, 무조건 자기희생을 하지는 않는 타입이기 때문에 곧잘 거절하기도 한다.

당신은 자각하지 못하지만 예스맨 기질이 농후하다. 당신은 극도로 갈등을 싫어하는 타입으로, 갈등을 피하려고 항상 애를 쓴다. 다른 사람의 분노, 짜증, 고통, 불쾌감과 맞닥뜨리면 그런 상황을 회피하기 위해 하던 일을 즉시 중단하고 그의 요구를 들어준다. 그런 식으로 그의 요구에 항복하는 습관 탓에 주변에서는 당신을 호구로 생각한다.

당신이 하는 모든 일은 다른 사람을 행복하게 만들기 위한 것이다. 자신의 행복은 물론이고 목표와 책임을 한쪽으로 제쳐 두고 오직 다른 사람들의 목표와 책임을 위해 살아간다.

당신에겐 사적 영역이란 게 없으며 다른 사람들이 원하면 당신의 영역을 마구 침범하도록 허락한다. 만약 이를 거절하면 다른 사람에게 부정적인 영향을 끼칠 수 있으므로 그런 태도는 상상도 할 수 없다. 당신은 그런 만성적인 예스맨이다.

만일 당신의 점수가 30점 이하라면 아주 바람직한 일이다. 그러나 이 책을 읽는 대부분의 독자들은 여기에 해당하지 않을 확률이 높다.

61점 이상이라면 심각하게 자신의 삶을 돌아봐야 한다. 만성적인 예스맨으로 살아가는 건 자기 삶을 스스로 파괴하는 일이다. 그렇다고 좌절하지는 말자. 예스맨의 습관은 얼마나 뼛속 깊이 각인되어 있든 간에 반드시 무너뜨릴 수 있다.

The Art of Saying No

제 3 장

거절의
10가지 전략

당신의 삶을 최우선으로 삼지 않으면
다른 사람이 최우선이 된다.

_그렉 맥커운 Greg McKeown, 영국의 기업가

내성적인 그녀는 어떻게
예스맨을 탈출했을까?

메리 데커는 대학교 3학년 여학생이다. 소심하고 내성적인 데다 워낙 수줍음이 많아서 친구들은 그녀를 어린아이 취급하곤 한다. 그럴 만도 하다. 작은 키에 얼굴마저 동안이라 대학생은커녕 처음 보는 사람은 그녀를 중학생쯤으로 여기는 경우도 있다.

수업 시간에도 그녀는 학생들 틈에서 눈에 잘 띄지도 않을뿐더러 말수가 너무 없어 어디를 가나 존재감이 없다. 하지만 그녀는 이런 상황이 차라리 마음에 든다. 가능하다면 졸업할 때까지 조용히 혼자 지내는 삶을 고수하고 싶었다.

그러나 대학생활은 여럿이 힘을 합쳐 과제를 수행하고 토론하고 협력해야 할 때가 많았고, 이 부분이 그녀를 힘들게 했다. 뭔가 결정할 때 우유부단한 성격 탓에 우물쭈물하는 그녀를 친구들이 무척 답답해했기 때문이다. 그러다 보니 자연히 그녀는 친구들에게 'Yes!'를 남발하는 습관을 갖게 되었다. 어떤 일에 결정을 내리지 못하고 우왕좌왕하다 면박을 당하기 전에 무조건 'Yes!'라고 말해버리는 것이다.

원체 소심하여 자기 주관이 뚜렷하지 않았기 때문에 힘들 건 없었다. 자신이 존재감 없는 걸 알고 있으므로, 친구들이 무언가를 물어보면 일단 'Yes!'라고 말해버리고 친구들의 결정에 따르기만 하면 되니 말이다.

이렇게 지난 3년의 대학생활을 보냈다. 그런데 언젠가부터 그녀의 가슴에 의문부호 하나가 우뚝 모습을 드러내고 답을 기다리고 있었다.

"그래서 행복하니?"

전혀 행복하지 않았다. 언젠가 친구가 그녀에게 이렇게 물은 적이 있다.

"너는 왜 매번 네 생각을 말하지 않고 무조건 그러자고만 해? 너만의 생각이나 계획은 없는 거야?"

그때부터였을 것이다. 이렇게 살아서는 답이 없는 인생으로 전락할 거라는 생각이 송곳처럼 그녀를 쿡쿡 찌르기 시작했다. 그렇게 살기는 싫었다. 예스맨으로 살면서 이리저리 휘둘리는 인간이 되고 싶지 않았다.

문제는, 예스맨에서 탈출하는 방법을 모르겠다는 것이었다. 너무 오랫동안 고착된 습관이라 쉽게 벗어날 수가 없었다. 고민 끝에 그녀는 규칙 하나를 정했다.

처음의 용기가 중요하다고 생각했다. 상대의 말이 떨어지기 무섭게 입에서 터져 나오려는 '그러자'는 말을 재빨리 삼키고, 단 1초라도 거절의 여지를 생각해보는 용기 말이다.

생각보다 쉽다는 게 놀라웠다. 싫다고 말해도 아무런 피해가 돌아오지 않는다는 사실을 깨닫자 다양한 상황에서도 거절을 시도할 수 있게 되었다. 예전 같으면 친구들이 고압적인 태도로 의견을 제시하면 무조건 고개를 끄덕였는데, 이제는 조심스럽게 다른 의견을 말하게 되었다.

많은 것이 달라졌다. 이런 습관이 점점 뿌리를 내리자 학교 밖의 생활에서도 어디를 가나 조심스럽지만 분명하게 싫다고 말할 수 있게 되었다.

그러면서 그녀는 깨달았다. 이런 습관이나 생활 태도가 정상이라는 걸 말이다. 친구들이 그녀의 변한 모습을 쉽게 수긍한 것도 그게 정상이기 때문이었다. 사회생활을 하면서 싫은 건 싫다고 말하는 게 당연하기에 누구도 그녀의 태도에 이의를 제기하지 않았다.

아직은 첫걸음이기 때문에 더 많은 연습과 훈련이 필요하다. 하지만 그녀는 이제 예전처럼 무조건 머리를 숙이며 상대의 말에 수긍하는 예스맨으로 살지 않을 자신이 있었다.

인생은 짧은데, 자기 의견 하나 제대로 표현하지 못하고 살아간다면 말이 되지 않는다. 그녀는 그렇게 서서히 예스맨을 졸업하는 단계로 접어들고 있었다.

거절의 10가지 전략

21

: 미안한 마음 없애기

한 가지 나쁜 버릇이 열 가지 나쁜 버릇을 만든다

거절하는 법을 배울 때 가장 힘든 일은 상대방이 실망할 때 느끼게 될 죄책감, 두려움, 부끄러움을 극복하는 것이다. 이는 결코 쉽지 않은 일로, 대부분의 경우 수년간 다져진 습관의 결과를 뒤집어야 한다. 파스칼은 이렇게 말했다.

"누구나 결점은 그리 많지 않다. 결점이 여러 가지인 것처럼 보이지만, 근원은 하나다. 한 가지 나쁜 버릇을 고치면 다른 버릇도 고쳐진다. 한 가지 나쁜 버릇은 열 가지 나쁜 버릇을 만들어낸다는 사실을 잊지 말라."

예스맨이라는 나쁜 버릇을 고치고 자기본위의 삶을 시작하면, 어떤 이익이 있을지 생각해보자. 그리고 그보다 먼저 어떤 방법으로 거절의 기술을 배우고 구사할지를 고민해보자.

좋은 소식은, 누구라도 이를 해낼 수 있다는 것이다. 앞으로 배우게 될 전략을 사용할 의지만 있다면 타고난 예스맨인 당신도 서서히 그런 기질을 없앨 수 있다. 자주 거절할수록 자신의 시간을 더 보람차고 생산적인 일에 사용할 자유가 생긴다.

어쩌면 이렇게 말하는 사람도 있을지 모른다.

"예스맨으로 살아가는 삶이 어때서? 이 또한 내 인생을 경영하는 나만의 노하우인데, 왜 무조건 나쁘다고 하는 거지?"

예스맨으로 살아가면서 자존감에 상처 입지 않고 아주 건강한 영혼으로 살아간다면 이 역시 틀린 말은 아니다. 문제는 그렇게 살면서 이 책에서 누누이 말하고 있듯이, 예스맨으로 살아간다는 자괴감으로 스스로를 할퀴면서 자책감의 노예가 되는 일이다.

나 역시 오랜 기간 그런 삶을 살아온 사람으로서, 자존감이라곤 하나도 없는 삶이 얼마나 나 자신을 피폐하게 했는지 잘 알고 있다. 거의 자동적으로, 일말의 거부감도 없이 타인의 요구에 응하는 나를 다른 사람들은 어떻게 보았을까?

지금 생각해보면 부끄러움으로 얼굴이 달아오른다. 세상 모든 일에 충직할 정도로 순종하는 사람은 '착한 사람'이 아니다. 자기만의 의견과 관점을 가지고 살면서 타인을 배려하는 사람이 진짜 '착한 사람'이다.

우리 주변엔 예전에는 예스맨이었으나 거절의 기술을 익히고 현실생활에 적용해서 자기본위의 삶으로 다시 태어나는 사람들이 많다. 그들은 자신이 처한 상황에서 승낙만이 최선은 아니라는 걸 깨닫고, 죄책감을 느끼지 않고 거절하는 법을 현실에 그대로 적용했다.

자기 세계에 갇혀 깐깐한 고집쟁이로 살아가라는 말이 아니다. 타인에 대한 배려 없이 자기 자신만을 위하는 옹졸한 이기주의자가 되라는 말도 아니다.

자기 삶의 우선순위를 정할 때 맨 앞자리에 자신보다 타인을 먼저 둔다면 바람직한 미래는 결코 찾아오지 않는다. 이제부터 지혜롭게 거절하는 기술에 대해 본격적으로 알아보자.

거절의 전략 1

: 직접적이고 직설적으로 거절하라

솔직하게 거절하라

선배가 당신에게 도움을 청한다. 하지만 당신은 급한 업무를 진행해야 해서 그럴 시간이 없으므로 부탁을 거절해야 한다. 당장 처리해야 할 업무량을 생각해보니 달리 대안이 없다.

그러나 당신은 '미안하지만 도와줄 수 없습니다'라고 말하지 않는다. 대신 잠시 망설이다가 '지금은 제가 조금 바빠서요. 얼마나 시간을 낼 수 있을지 모르겠네요……'라며 말끝을 흐린다.

이런 답변은 상대에게 잘못된 메시지를 보낸다. 당신이 지금은 다른 일을 하고 있지만, 어쩌면 부탁을 들어줄 수 있을 거라고 생각하게 만드는 것이다. 따라서 그는 좀 더 설득하면 지금하는 일을 미루고 부탁을 들어줄 수 있을 것으로 오해한다.

이렇게 생각을 한 선배는 무척 급한 일이라는 사실을 계속 강조하면서 더욱 당신의 허점을 파고든다.

"정말 중요한 일이야, 지금 당장 도움이 필요해!"

도움을 청하는 말을 듣고 잠깐이라도 우유부단한 반응을 보이는 것은 상대에게 당신을 더욱 압박할 빌미를 주는 것이다. 도움을 청하는 사람은, 당신의 우유부단한 반응을 보고 당신이 아직은 그 어떤 결정도 내리지 않았다는 신호로 받아들인다.

자신의 요청으로 인해 당신이 업무의 마감 시간을 놓치는 한이 있더라도, 그는 집요하게 매달리면 목적을 달성할 수 있을 것으로 생각한다.

그렇기 때문에 거절할 때는 분명하게 말하는 게 좋다. 에둘러 말하거나, 상대의 기분을 달래려는 생각에 모호하게 말하지 말자. 대신 솔직한 이유로 상대의 부탁을 들어줄 수 없다고 말하자.

거절의 이유가 따로 있다면 도움이 된다. 그 이유가 당신이 현재 도와줄 상황이 아니라는 점과 도와줄 의사가 없음을 입증하기 때문이다. 예를 들어 어떤 사람이 도와달라고 부탁했을 때, 아래 두 가지 대답을 살펴보자.

"당신을 도와줄 시간이 없어요."

"두 시간 뒤에 마감인 중요한 보고서를 작성하고 있어서 도와줄 시간이 없어요."

첫 번째 대답에서 도움을 청하는 사람은 당신의 거절을 순순히 받아들이지 못한다. 그저 싫어서 거절하는 것으로 생각하기 때문이다. 이로 말미암아 서로 갈등하는 상황이 벌어지게 되고, 두 사람 모두 감정이 상하게 된다.

두 번째 대답은 아예 상대방이 반박할 여지를 두지 않는다. 당신의 거절은 합리적이고 실질적인 이유로 정당성을 확보하고 있다. 그가 당신의 결정에 불만을 표할 수도 있지만, 거절을 그대로 받아들일 확률은 두 번째 대답이 더 높다.

도움을 청하는 사람에게 거절의 이유를 솔직하게 말하자. 일단 아무 이유나 대어 곤란한 상황에서 벗어나고 싶은 유혹을 뿌리치자. 적당히 이유를 둘러댄다면 당신은 거짓말을 한다는 데 죄책감을 느낄 수 있고, 상대방은 당신의 진정성을 의심하게 된다. 당신의 거짓말에 더 화를 낼 수도 있다. 상대방을 존중하는 최상의 거절 방법은 솔직하게 거절하는 것이라는 사실을 절대 잊지 말자.

거절의 전략 2

23

: 너무 시간을 끌지 마라

지연 작전이 더 나쁜 이유

도움을 청했는데 상대방이 시간을 끌면 우리는 그가 별로 도와
줄 의사가 없다는 사실을 금세 알아차리게 된다. 그런데 대부분
의 사람은 자신의 지연 작전이 별로 티가 나지 않을 거라고 믿
는다. 그러나 상대는 이를 눈치채고 오히려 더 화를 낼 수 있다.
그의 입장에서는 차라리 솔직히 도와주기 어렵다는 말을 듣는
게 편할 것이다.

　누구나 도와달라는 말을 들으면 대답을 늦추고 싶은 충동에
빠진다. 사실 도움을 줄 시간이나 에너지에 여력이 없을뿐더러
결국엔 부탁을 거절해야 한다는 사실도 알고 있다.

그런데도 부탁한 사람에게 직접적인 대답을 피하고 에둘러서 말하며 꼭 해야 할 말을 미룬다. 가령 우리는 이런 식으로 답한다.

"그 일은 나중에 다시 답변을 드려도 될까요?"

"시간이 나면 생각해볼게요."

이런 식의 대답은 상대의 요청을 반드시 거절해야 하지만, 그의 요청을 가볍게 여긴다고 생각하지 않기를 바라는 마음에서 나오는 말이다. 이쯤 되면 내가 거절하려는 걸 알겠지, 하고 어물쩍 넘기려는 의도도 있다.

어떤 경우엔 두려움 때문에 일단 억지로 승낙하기도 한다. 부탁을 거절하면 상대와 갈등을 겪게 되지 않을까 걱정하는 것이다. 이럴 때도 그로 인한 파급 효과를 최대한 줄이고 싶은 마음에서 시간을 질질 끌게 된다.

도움을 주고는 싶지만 지금 당장은 할 일이 너무 많아서 도울 수 있을지 확신이 들지 않기 때문에 시간을 끌기도 한다. 또는 할 일을 하면서도 상대의 부탁을 들어줄 만한 묘수가 생기기를 바라면서 시간을 끈다. 그러나 이런 지연 작전은 몇 가지 이유에서 좋지 않다.

첫째, 상대에게 희망 고문을 하는 것이다. 당신이 그를 도와줄 가능성이 거의 없을 때조차도 그는 당신의 도움을 받을 수 있으리라는 희망을 품게 된다.

그러다 시간이 지나서 당신이 끝내 도와줄 수 없다는 사실을 알게 되면, 상대는 기다리느라 시간을 허비했기 때문에 화가 날 수도 있다. 아예 처음부터 거절을 하는 편이 낫다.

둘째, 시간을 끌면 우유부단한 사람으로 보인다. 직설적으로 안 된다고 말하지 않으면 상대방은 당신을 설득할 수 있다고 생각하면서 도와달라고 더 집요하게 요청할 수 있다.

셋째, 시간 끌기는 상황을 지연시켜서 생산성을 떨어뜨린다. 그러니 부탁을 받았을 때 거절해야 한다는 마음이 들면 절대 시간을 끌지 말고 분명하게 직접적으로 거절을 하자.

물론 마음이 편치는 않을 것이다. 심지어 상대가 기분 나빠할 수도 있다. 하지만 그 사람의 감정은 당신이 어떻게 할 수 없는 부분이다.

진실하고 직설적인 거절은 상대에 대한 존중을 의미한다. 이 방법은 상대의 부탁이 먹구름처럼 당신의 뇌리에서 떠나지 않고 계속 걱정하도록 만드는 비극을 막아줄 것이다.

거절의 전략 3

24

: 거절의 표현 방법을 바꿔라

안 된다고 말하지 않고도 거절하는 법

아무리 우아하게 말한다 해도 안 된다는 말은 부정적인 영향을 미치기도 한다. 예를 들어 안 된다는 말을 도움을 청하는 사람이 개인적인 거절로 받아들이게 되면 기분이 상할 수 있다. 당신의 대답으로 인해 상대방이 상처를 입었다면 그가 화를 낼 지도 모른다.

아무리 능수능란하게 거절을 해도 사람에 따라서는 이처럼 감정적으로 반응할 수 있다. 그만큼 '싫다'라는 말은 단호한 표현이다. 대부분의 사람은 그 말을 들을 준비가 되어 있지 않기 때문에 이해심 있고 침착하게 그 말을 받아들이는 모습을 기대해서는 안 된다.

당신의 거절에 감정적으로 반응하는 사람들과 계속 만나다 보면 이들의 부탁을 거절하기가 점점 어려워질 뿐만 아니라 그로 인한 대가도 크다. 누구라도 심리적으로 위축이 되면 원치 않는 대답을 할 가능성이 크다.

많은 경우, 감정적으로 반응하는 사람들은 주위 사람들에게 당신이 융통성도 배려심도 없는 인간이라고 비난하기도 한다. 이렇게 되면 결국 그 사람과 사이가 틀어지고, 당신에 대한 평판은 최악으로 치달아 어쩌면 경력에 좋지 않은 영향을 끼칠 수 있다.

좋은 소식은, '안 된다'라고 직접적으로 말하지 않고도 거절할 방법이 있다는 것이다. 같은 뜻을 전달할 수 있는 다른 표현법을 찾으면 된다. 예를 들어 회사 동료가 당신에게 공항까지 데려다 달라고 부탁했다고 치자.

이를 거절하기 위해 간단히 도와주기 싫다고 말하며 진짜 이유를 댈 수 있다. 그가 상황을 이해한다면 그 말만으로도 충분하다. 하지만 당신은 예전의 경험으로 봤을 때 그가 이해심 많은 성격이 아니라는 걸 알고 있다. 그는 싫다는 말을 개인적인 거절로 받아들여 화를 낼 수도 있다. 이런 반응을 피하려면 어떻게 거절하면 될까?

"지금 엄청 중요한 프로젝트 때문에 회의가 잡혀 있어서 이번에는 어렵겠네요."

이런 표현은 지금은 일 때문에 바빠서 시간을 낼 수 없다고 말하는 것이다.

"도와주고는 싶지만, 사장님이 지시한 업무를 마무리해야 하기 때문에 정신이 없어요."

이런 표현은 도와줄 수 없는 타당한 이유가 있다는 것을 말해준다.

"지금 진행하는 일을 중단하면 우리 팀의 프로젝트에 지장을 초래해서 곤란한데……."

이 말은 먼저 약속한 일이 있어서 어쩔 수 없이 도와줄 수 없다고 해명하는 것이다. 이런 말을 듣게 되면 누구라도 그 일을 그만두고 자신을 도우라고 말하기 어려울 것이다.

위에 열거한 대답에서 안 된다는 말은 단 한 차례도 직접적으로 사용되지 않았다는 점에 주목하자. 안 된다는 말은 누구라도 입 밖으로 표출하기가 무척 힘들다. 하지만 직접 이 말을 하지 않고 거절하면 나의 부담도 덜면서, 상대방이 느끼는 충격도 줄어든다. 이런 거절법을 통해 상대방과의 갈등을 피할 수 있으니 자기에게 맞는 적절한 표현을 생각해보자.

거절의 전략 4

25

: 변명하고 싶은 마음을 참아라

궁색하게 변명하며 거절하면 생기는 일들

도와달라는 요청을 받았을 때, 이런저런 변명을 늘어놓고 싶은 마음은 이해가 간다. 예를 들어 당신이 도저히 시간을 낼 수 없어 친구의 부탁을 거절해야 한다면 제일 좋은 방법은 얼굴을 맞대고 정중하게 상황을 설명하면서 거절하는 것이다.

하지만 대부분은 상대방이 퇴짜를 놓는다고 생각하지 말았으면 하는 마음에 서둘러 변명을 한다. 예를 들면 이런 식이다.

"자동차를 수리 맡겨서 공항까지 데려다줄 수 없어."

"허리를 다쳐서 내일 이사를 도와줄 수 없어."

"지금은 현금이 없어서 빌려줄 수가 없어."

"아이들이랑 영화를 보러 가기로 해서 일을 도와줄 수 없어."

이런 변명은 부탁하는 사람을 속이는 것이다. 아마도 자동차는 멀쩡하고, 허리는 하나도 안 아프고, 지갑이나 핸드백에는 현금이 들어 있고, 아이들은 당신이 영화관에 데려가려는 걸 전혀 모르고 있을 것이다.

이 모든 것은 거절을 정당화하려고 변명거리를 만들어낸 것에 지나지 않는다. 상대방이 모를 것 같지만, 당신의 표정만 봐도 궁색한 변명을 남발하고 있다는 사실은 티가 나기 마련이다.

변명을 하면 두 가지 문제가 발생한다.

첫째, 거짓말을 했기 때문에 죄책감을 느낀다. 하지만 이보다 더 심각한 문제는 거짓말이 들통 날 수 있다는 것이다. 앞서 말했듯이 우리는 생각만큼 거짓말을 잘 숨기지 못한다. 결국 거짓말이라는 게 들통나면 신뢰할 수 없는 사람이라는 오명을 덮어쓸 수 있다.

둘째, 변명하면 협상의 여지를 주어 결국 당신의 시간과 노력이 들어가게 된다. 예를 들어 오늘 오후에 도움을 청하는 이웃에게 아이들과 영화관에 가기로 했다고 변명하며 거절하면 이웃은 '그럼 내일 도와줄래요?'라고 물어볼 수 있다.

상대방은 어떻게 해서든지 도움을 받고 싶어서 매의 눈으로 당신의 허점을 노리고 있다. 자동차가 고장이 나서 공항까지 데려다 줄 수 없다고 하면, 다음에 자동차가 멀쩡할 때 다시 도움의 손길을 구할지 모른다. 현금이 없어서 빌려줄 수가 없다고 하면, 다음을 기약하며 기어이 승낙을 받아내려고 할 것이다.

무슨 얘기인지 이해할 것이다. 변명을 남발하면 다음 기회에 다시 'No'라고 말하기가 어려워지고 빠져나갈 구멍이 점점 사라지게 된다. 그렇다는 것은, 거절하면서 변명하지 않는 게 더 나은 방법이라는 얘기다.

무례하지 않게, 상대방이 무시당하지 않는다는 느낌을 갖도록 주의하면서 거절하는 편이 피차를 위해 좋다. 그렇게만 하면 직접적인 거절이 오히려 상대방을 존중하는 것처럼 보일 수 있다. 일관성 있게 거절하면 당신의 자신감도 덤으로 상승하게 된다. 한 번 거절하는 습관이 고착되면 우아하게 거절하는 것이 예전보다 훨씬 쉬워질 것이다.

거절의 전략 5

26

: 자신의 결정에 책임을 져라

분명하게 선을 그어 거절하는 게 상대를 위해서도 좋다

누군가 당신의 시간, 돈, 또는 노동력을 요구했을 때 '할 수 없어요!'라고 말하기가 얼마나 쉬운지 생각해본 적이 있는가? 그런 말이 거의 자동적으로 나오는 사람들이 있다. 어떤 부탁인지 생각도 하기 전에 할 수 없다는 말부터 나오니 거의 반사적인 반응이다.

사실 우리는 대부분의 경우 도와주려고 마음만 먹는다면 얼마든지 도와줄 수 있다. 나의 시간을 포기할 수도 있고, 돈을 줄 수도 있으며, 설령 몸이 아프더라도 어떻게든 도와줄 수 있기 마련이다.

그럼에도 우리는 부탁을 받고 거절할 때 '할 수 없어요!'라고 말한다. 이렇게 대답하면 결정의 책임을 회피할 수 있기 때문이다. 그러다 보면 거절이 개인적인 선택이라는 점을 분명하게 밝히지 않고 거절하는 습관에 빠지게 된다.

"지금은 너무 바빠 도와줄 수 없어요."

"선약이 있어서 공항까지 데려다줄 수 없어요."

"부장님이 지시한 일 때문에 그럴 수 없어요."

장기적으로 이런 언행은 해로운 결과를 부르게 된다. 거절하기로 한 나의 결정에 대한 책임을 회피하면 내가 통제할 수 있는 건 아무것도 없다고 생각하게 되기 때문이다.

'할 수 없어요!'라는 말은 나의 처지나 형편이 외부 상황에 좌우된다는 걸 의미한다. 이런 습관에 길들여지면 외부 요인이 나를 약화시킨다고 스스로 믿게 되어 나 자신에게는 통제력이 없다는 잘못된 생각으로 이어질 수 있다

이런 생각은 결국 내 능력을 약화시키는 결과를 낳고, 이것이 누적되어 습관이 되면 우리의 행동과 생각에 심리적으로 부정적인 영향을 끼친다.

다행히 간단한 해결법이 있다. 부탁이나 초청을 거절해야 할 때는 거절이 자신의 개인적인 선택임을 분명하게 밝혀라. 상대

에게 '할 수 없어요'라는 말 대신 '하고 싶지 않아요'라고 말하라는 것이다.

자신의 현재 상황에 대한 이해를 구하는 식으로 말하면서, 이 결정은 온전히 자신의 책임이라고 말하자. 이 방법의 좋은 점은, 들어줄 수 없는 부탁을 분명하게 거절하면서 자신의 의지와 개인의 권한을 강화시킨다는 점이다.

부탁을 받고 거절하는 이유로 외부적인 제약을 탓하지 않고 자신의 의지를 나타내는 표현을 사용해서 거절할수록 당신은 자신의 욕구와 신념에 충실하면서 더 자신 있게 거절하게 된다.

이렇게 되면 상대는 당신의 어쩔 수 없는 상황을 이해하게 되고, 결과적으로는 명확히 말을 해주는 당신을 더 존중하게 될 것이다. 타인의 입장을 배려하면서도 당당하게 자기 형편을 피력하는 당신의 모습에서 신뢰할 만한 사람이라는 인상을 받기 때문이다.

거절의 전략 6

27

: 다음을 기약하라

다음을 기약하는 전략의 장점

다음을 기약하는 방법은 거절을 미루는 게 아니라 다음에 시간적 여유가 생겼을 때 부탁을 들어줄지 말지를 고려해보는 방법이다. 그러면 상대방은 자신의 요청이 시급한지 아닌지를 다시 생각하게 되고, 만약 급한 일이라면 다른 사람을 찾아보게 된다.

예를 들어 이번 프로젝트에 도움의 손길이 절실하다며 동료가 당신에게 협조를 구하는 상황을 가정해보자. 당신은 당장 해결해야 할 업무 때문에 도저히 부탁을 들어줄 수 없다. 그렇지만 이 업무가 끝나면 부탁을 들어줄 수도 있다. 이럴 경우, 당신은 이렇게 말하면 된다.

"지금 당장은 도와줄 시간이 없어요. 하지만 4시 이후에 다시 물어보세요. 그때쯤이면 약간 여유가 생길지도 몰라요."

이렇게 대답하면 당신은 일단 동료의 압박을 피할 수 있고, 그의 부탁을 들어줄지 여부를 당장 고민할 필요도 없이 업무에 집중할 수 있다. 그러다 4시 이후가 되면 다시 생각해볼 수 있다. 즉, 끝내 거절을 하더라도 최종 결정을 미룰 수 있는 것이다.

그리고 이런 표현은 상대의 요청을 시간이 날 때 다시 생각해보겠다는 의지를 보여준다. 요청을 즉각적으로 거절하거나 묵살하는 게 아니라, 당신이 부탁을 신경 쓰고 있고 관심이 있으며 도움을 줄 수도 있다면 돕고 싶다는 점을 전하는 것이다.

도움을 청하는 사람이 나중에 다시 물어봤을 때 부탁을 들어준다고 약속하지 않았다는 점에 주목하자. 그가 크게 기대하지 않도록 이 점을 강조해서 전해야 한다.

다음을 기약했기 때문에 일단은 딱 잘라 거절하지는 않았고, 그렇기에 상대는 서운한 기분이 들지 않았다. 누누이 말하지만, 분명한 어조로 거절하되 무례하지 않게 해야 한다는 원칙을 잊어서는 안 된다. 종종 이런 방법이 두 가지 결과를 낳는다는 점도 알아야 한다.

첫째, 그가 다른 사람에게 도움을 청할 수 있다. 그렇게 되면 모두에게 좋은 일이다. 당신은 하던 일을 멈추지 않고 계속할 수 있고, 그는 필요한 도움을 신속하게 받을 수 있다.

두 번째, 그가 누구의 도움도 받지 않고 혼자서 해결하기로 마음먹을 수 있다는 점이다. 이 또한 모두에게 좋은 일로, 당신은 다음을 기약했으니 상대방에게 좋은 인상을 남긴 것이 된다.

나중에 다시 도움을 청하면 당신은 그때 가서 부탁을 수락할지 말지 결정할 수 있다. 그때쯤이면 도와줄지 말지 고민이 끝났을 테고 부탁을 들어줄 때 자신의 일을 진행하는 데 피해는 없는지, 있다면 어느 정도인지에 대한 판단을 했을 것이다.

다음을 기약하는 전략은 예의를 지킬 수 있다는 장점을 가진다. 최대한 정중하게 지금 당장 부탁을 들어줄 수 없음을 설명하고, 오히려 이쪽에서 다음을 부탁하니 상대는 더 이상 도와달라는 말을 고집할 수가 없을 것이다.

거절의 전략 7

28

: 결코 거짓말로 거절하지 마라

거짓말에는 반드시 대가가 따른다

누군가의 부탁을 들으면 거짓말로 둘러대고 싶은 마음이 생길 수도 있다. 특히 당신이 하고 싶지 않은 일을 부탁받았을 때, 당신은 지금의 형편을 있는 그대로 말하고 싶을 것이다.

그러나 너무 솔직하게 말하면 상대방이 기분 나빠하거나 화를 내지 않을까 하는 걱정이 들어 서둘러 거짓말을 둘러댄다.

예를 들어 '병원에 예약을 해둬서 공항까지 데려다줄 수 없어요'라고 말한다. 사실은 병원에 갈 계획이 전혀 없다. 이런 변명은 부탁을 들어주지 않으려는 임시방편에 불과하다.

우리는 이런 표현이 작은 거짓말에 불과하므로 이 거짓말로 상처를 입는 사람은 아무도 없다고 스스로를 위로한다. 이보다 더 심한 거짓말은 많이 있으니까 말이다.

그러나 거짓말에는 반드시 대가가 따른다. 피해가 없는 사소한 거짓말이라도 계속하다 보면 자신의 권위를 스스로 갉아먹게 된다. 여기에 더해서 자기합리화를 다른 사람은 어떻게 생각할까 걱정하게 만들기도 한다.

단순히 공항까지 운전하기가 싫은 게 진짜 이유라고 치자. 자동차가 필요할 때마다 데려다 달라고 부탁을 받는 사람이 되고 싶지 않다는 또 다른 이유도 있을 것이다. 이때 당신의 감정을 어떻게 표현할지 생각해보자.

"고속도로 체증이 싫어서 공항까지 데려다주기 싫어요."

"공항까지 왕복 3시간이나 걸려서 데려다주기 싫어요."

"이번 주는 너무 힘들어서 오늘은 쉬려고 했어요."

"너도나도 공항까지 데려다 달라고 해서 싫어요."

언뜻 보기에는 이런 식의 대응이 무례한 것 같지만 직설적인 반응은 오히려 상대에 대한 존중심을 보여준다. 상대를 존중하기 때문에 솔직하게 대답하는 것이다.

무엇보다도 이런 표현은 자신의 권위를 위해 스스로를 훈련하게 돕는다. 이 핑계, 저 핑계 둘러대며 도와줄 수 없다고 하면서 내심 미안함을 느끼는 게 아니라 스스로 결정을 통제할 수 있다는 자신감을 기르게 한다.

이런 방식의 거절 전략은 부탁이나 초청을 수락할지 말지 결정할 때 자기 판단을 믿고 따르는 훈련을 하는 것과 같다. 이런 습관이 쌓이면 어떤 상황에도 자신의 신념을 믿고 실천 모드에 돌입할 수 있다.

이렇게 자신감을 기르고 신념을 강화하면서 거절하는 습관을 들이면 상대의 반응에 덜 신경 쓰게 된다. 상대방을 존중하면서 솔직하고 우아하게 거절한다면 그가 어떻게 반응할지는 내 책임이 아니라는 점을 깨닫게 되는 것이다.

거절의 전략 8

29

: 대안을 제시하라

상대를 배려하는 특별한 방법

당신이 다음을 기약했다고 해서 상대방은 마냥 기다리지는 않을 것이다. 따라서 거절할 때 다른 대안도 함께 제시하면 상대를 배려하는 것이 되어 상대에게 좋은 인상을 남기게 된다.

이 전략의 강점은 당신이 도와줄 여력이 없거나 도와줄 의사가 없다는 데서 상대가 느낄 실망감을 덜어주는 데 있다. 대안을 제시하는 것은 상대로 하여금 그래도 나를 생각해준다는 신뢰감을 주기 때문이다.

회사 선배가 프로젝트를 도와달라고 부탁했다고 치자. 하지만 당신은 일이 바빠서 거절할 생각이다. 이때 그저 간단하게 안 된다고 말해서 선배를 돌려보내기보다는, 당신을 대신해서 도와줄 수 있는 사람을 추천할 수 있다.

"지금 저는 어려우니 토니한테 부탁해보면 어떠세요? 그 친구는 시간이 있을 테니, 분명히 도와드릴 수 있을 겁니다."

"도와드리고 싶은데, 일이 너무 밀려서 오후 3시까지는 도와드리기 어렵습니다. 급한 일이면 셸리한테 연락해보세요. 그녀가, 도와드릴 수 있지 않을까요?"

"상당히 복잡한 프로젝트 같은데, 전 지금 하는 일도 쩔쩔매고 있어서……. 마크가 훨씬 더 도움이 되지 않을까요?"

물론 이런 거절 전략은 조심해야 할 점이 있다. 가령 상대방이 마크에게 가서 아무개가 너에게 부탁해보라고 했다고 말한다면, 듣는 사람 입장에서는 자기가 하고 싶지 않은 일을 남에게 전가했다고 여길지 모른다.

따라서 이런 거절 방법은 주위 사람들의 동향과 평소 습관 등을 잘 파악하고 있어야 한다. 유난히 남을 도와주는 일을 싫어하는 사람을 대안으로 제시했다가 상대가 그 사람에게 거절을 당하면 당신을 원망할 수도 있다.

하지만 이런 소소한 문제를 제외하면 대안 제시는 좋은 해결법임이 분명하다. 예의 바르고 성의 있는 모습으로도 비치기 때문이다.

대안이 반드시 사람일 필요는 없다. 상대가 나에게 부탁한 이유가 있을 테니, 거기에 합당한 대안이면 된다. 내가 추천하는 다른 방법은 도움을 줄 수 있는 시간을 정해주는 것이다.

"지금은 일이 밀려 있어서 어렵지만, 사흘 후면 조금 한가해질 테니 그때 다시 의논합시다."

이런 식으로 대안을 제시하면 상대방은 그것이 자기의 일을 진행시키는 데 무리가 없는지 판단할 것이다. 너무 다급한 일이면 다른 방법을 택할 것이고, 괜찮다면 당신에게 도움을 다시 청할 것이다. 그러면 당신은 그때 가서 흔쾌히 도움을 주면 된다.

이 방법은 직장에서만 통용되는 게 아니라 친구나 가족, 이웃과의 관계에도 적용된다. 부탁하는 사람에게 대안을 제시해서 그들에게 애정이 있다는 점을 보여주면 부탁을 거절당했을 때 그들이 느끼는 실망감을 줄여줄 것이다.

거절의 전략 9

: 전문가를 추천하라

30

나보다 더 적합한 인물을 소개한다

때로는 나보다 다른 사람이 훨씬 잘 할 수 있는 일을 부탁받을 때가 있다. 이런 부탁은 거절하고 더 잘할 사람을 추천하는 게 모두에게 좋다.

당신은 시간을 절약하여 현재 맡고 있는 프로젝트와 관심 분야에 더욱 집중할 수 있다. 또한 도움을 청한 사람은 전문성 있는 사람의 도움을 받을 수 있고, 당신의 추천을 받은 사람은 자신의 전문성을 보여줄 기회를 얻게 되니 일석이조다.

도움을 청하는 사람에게 전문가를 추천할 때는 분명한 근거가 있어야 한다. 예를 들어 요청받은 일을 하기엔 당신보다 다른 사람이 더 적합하다는 사실을 알고 있을 때가 이에 해당한다.

작가인 친구가 당신에게 최근에 쓴 원고를 비평해달라고 부탁한다. 제대로 비평을 하려면 오랜 시간과 노력이 필요하다. 속도, 대화, 일관된 관점, 그리고 스토리 요소까지 세심한 관심을 쏟아야 한다.

당신에게 그럴 능력이 부족하다면, 이번에야말로 친구에게 당신보다 더 실력 있는 사람을 추천할 기회다. 친구에게 다음과 같이 말하면 된다.

"나는 원고 비평을 하기엔 실력이 부족해. 그래서 나는 어려울 것 같아. 대신 이런 일에 소질이 있는 내 친구 수잔을 소개할게. 분명히 도와줄 거야."

당신은 그냥 부탁을 거절해서 친구를 실망시키지 않았다. 비록 거절은 했지만 능력 있는 다른 사람을 소개했으니 상대방은 고마워할 것이다.

다른 예를 들어보자. 당신은 매니저이자 동료인 스테판에게서 자신이 진행한 어떤 프로젝트의 마케팅 계획서를 검토해 달라고 부탁받았다. 하지만 당신은 그 분야의 전문가가 아니므로 이렇게 대답한다.

"나는 마케팅 쪽으로는 안목이 부족해서 도와주기 어려울 것

같아. 토비가 그 방면에 아주 뛰어나니 그에게 부탁해봐. 내가 추천했다고 하면 들어줄 거야."

당신은 토비를 더 잘 도와줄 수 있는 사람으로 추천했을 뿐더러 당신의 이름을 언급하라고 말함으로써 토비를 스테판에게 순조롭게 소개하게 된다.

도움을 청하는 사람에게 그가 하는 일과 비슷한 업무나 관심사를 가진 다른 사람을 추천하는 것이 합당할 때가 있다. 예를 들어 프랭클린이라는 선배가 당신에게 같이 골프를 치러 가자고 한다.

당신은 시간이 없어서 초청을 거절하지만 골프를 좋아하고, 프랭클린도 잘 알고 지내는 친구 톰을 추천한다.

"저는 시간이 되지 않아 힘들 것 같고, 톰은 어떠세요? 톰이 골프를 좋아하니 가고 싶어할 것 같습니다."

이러면 비록 상대의 부탁은 거절했지만, 나보다 더 적절한 사람을 대안으로 추천했기 때문에 그에게 도움이 될 것이다.

누구나 자기만의 한계가 있다

나의 한계를 설명하는 전략은 내가 제일 좋아하는 거절법이다.
이 방법은 도움을 청하는 사람이 부탁을 강요할 수 없는 상황을
연출한다는 점에서 아주 특별하다. 어떻게 이런 상황을 만들 수
있을지 알아보자.

당신에게 주어진 시간의 대부분을 소모해야 하는 업무가 산
적해 있다고 가정해보자. 당신은 이 업무를 마치는 데 얼마나
시간이 필요한지 계산하고 있기 때문에 이 사실을 알고 있다.

그런데 친구가 찾아와 이사를 도와달라고 부탁한다. 이사를
도와주겠다고 승낙하면 적어도 다섯 시간은 걸릴 것이다. 지금

당장 해야 할 일이 있으니 그렇게 시간을 쏟을 수는 없다. 따라서 친구의 부탁을 반드시 거절해야 하는 상황이다. 거절하기 위해 간단하게 이렇게 말한다.

"이사를 도와줄 시간이 없어."

이렇게 말하면 친구는 분명 당신과 협상하려 든다.

"그러지 말고, 한 시간이면 돼. 한 시간은 낼 수 있잖아."

그러면 당신은 당연히 이렇게 대답한다.

"한 시간이라고? 적어도 다섯 시간은 걸릴 거야."

그 순간 친구는 반박한다.

"한 시간만 도와주고 돌아가면 되잖아."

이런 식으로 친구와 계속 말을 주고받으면 끝도 없는 논쟁이 벌어지고, 결국 상대는 서운함을 느끼게 되어 둘 사이에 갈등만 쌓인다.

반면에 친구에게 나의 일정을 분명하게 알려주고, 왜 도와줄 시간이 없는지 설명하면 협상 과정 자체를 없앨 수 있다.

"다른 날이면 정말 도와주고 싶어. 그런데 오늘은 어쩔 수 없어. 나는 오늘 오후 5시까지는 이 일을 반드시 끝내야만 해. 그 뒤로 중요한 미팅도 두 개나 있어. 오늘은 정말로 이사를 도와줄 시간이 없어."

이 방법을 죄책감을 느끼지 않고 효과적으로 사용하려면 실제로 그날이 바쁜 날이어야 한다. 일부러 거짓말을 하지 말라는 뜻이다.

도저히 도울 수 없는 이유를 자세히 설명하면서 당신에게 할 일이 쌓여 있다는 사실을 상대에게 알려주자. 그러면 도움을 청한 사람은 거절을 당했다고 생각하지 않고, 정말로 당신이 도와줄 수 없다는 사실을 받아들이고 인정하게 된다.

당신의 일정을 알고 나서도 협상을 하려 들거나 부탁을 강요하는 사람은 거의 없을 것이다. 결과가 뻔한 일을 두고 실랑이를 하느니 빨리 다른 대책을 마련하는 게 나을 테니 말이다.

자신의 한계를 설명한다는 것은 도와줄 수 없는 구체적인 이유를 대어 상대가 납득하도록 만들라는 뜻이다. 우물쭈물하면서 싫은 기색을 보이면 설령 당신에게 정말로 바쁜 일이 있어도 상대방은 거절당한 실망감을 풀지 못할 것이다.

보너스 전략 1

: 거절은 단호하게!

————— *32*

'Yes!'를 남발하는 착한 어른이 되지 말자

거절을 받아들이지 못하는 사람들이 있다. 그들은 거절을 당해도 끈질기게 부탁하고, 승낙을 강요하기 위해 당신의 감정을 조종하거나 대놓고 협박한다.

"이번 부탁을 들어주지 않으면 앞으로 업무 진행에 어려움이 클 거야!"

"우리는 한 팀인데 서로 돕고 지내야 하지 않겠어?"

이럴 경우, 타인의 행동을 통제할 수 없다는 사실을 먼저 깨닫자. 당신이 거절한 후에도 상대방이 끈질기게 부탁을 한다면, 그건 당신이 무례한 것이 아니라 그가 지나치게 강압적인 사람인 것이다.

제3장 거절의 10가지 전략 *127*

당신이 잠깐이라도 머뭇거리면, 그 틈새를 노리며 더 끈질기게 요구하는 사람도 있다. 협상의 여지가 있다는 걸 알아채고 어떻게든 당신의 마음을 움직이려고 하는 것이다.

일단 거절하기로 마음을 먹었다면 그 결정을 단호하고 확고하게 밀고 나가는 게 중요하다. 합당한 이유로 분명하게 거절한다면 그도 자신의 강요가 아무 소용이 없다는 사실을 알게 될 것이다. 예를 들어 이렇게 말할 수 있다.

"샤론, 안 된다는 말을 듣기 싫어한다는 걸 알아요. 하지만 아무리 채근해도 내 마음은 바뀌지 않아요."

이렇게 분명한 어조로 거절했고, 절대 마음이 바뀌지 않을 거라는 말을 전달한 후에도 끈질기게 부탁하는 사람들이 있다. 심지어 그는 거절하는 이유를 대라고 요구할 수도 있다. 그때는 더 강하게 나가는 게 좋다. 상대방이 밀어붙이는 걸 두려워하지 말자.

"샘, 시간 낭비하지 말라고 바로 말할게요. 이번 프로젝트를 도와줄 수 없어요. 확실히 말하는데, 내 마음은 절대 바뀌지 않아요."

이렇게 말했다고 미안함을 느낄 필요는 전혀 없다. 도저히 도와줄 여력이 없다는 말을 직설적으로 말했을 뿐, 전혀 무례한 게 아니니 말이다. 당신의 결정을 뒤집기 위해 설득하려 들면 시간을 낭비하는 거라고 그에게 솔직하게 말한 것에 불과하다.

상대방이 당신의 이런 태도에 놀랄 수도 있다. 하지만 그런 반응은 당신의 결정이 적절하지 않기 때문에 나타난 태도가 아니다. 그건 단순히 그의 반응일 뿐으로 당신은 이런 반응을 통제할 수가 없다. 그가 당신의 거절에 실망한다면, 그건 어디까지나 그 사람의 감정일 뿐이라는 얘기다.

거절을 했을 때 상대방의 반응에 따라 죄책감이나 미안함을 느낀다면 예스맨의 덫에서 아직 벗어나지 못한 것이다. 일의 우선순위를 자신에게 맞춰놓은 사람에게 상대방의 감정은 중요한 것이 아니다.

거절할 때 단호한 태도를 유지하면, 좋은 점이 하나 더 있다. 일관성 있게 계속 이런 태도로 거절하면 주위 사람들이 조종을 하거나 겁을 주거나, 다른 어떤 방법으로도 당신의 마음을 바꿀 수 없다는 사실을 점차 깨닫게 된다.

주위 사람들이 당신을 무조건 'Yes!'를 남발하는 '착한 어른'으로 인식하지 않는 것만으로도 당신의 거절 전략은 성공한 것이다.

보너스 전략 2

: 예의를 지켜라

무례하지 않은 거절이 중요하다

도움을 청하는 쪽에서 계속 무례하고 고압적으로 나오면 나 또한 예의를 지키며 대하기가 어려워진다. 내가 마치 도움 요청을 받으면 자동판매기처럼 응할 거라고 생각하는 태도에 반감이 생기고, 그러면 만만한 사람이 아니라는 걸 보여주기 위해 상대방과 똑같이 행동하고 싶은 충동을 참기가 힘들어진다.

그러나 이런 충동을 억제해야 한다. 예의에 어긋나는 반응을 보이면 상대방은 자신의 태도와는 관계없이 당신을 무례한 인간으로 낙인찍고 온갖 악소문을 퍼뜨리고 다닐 것이다. 그러면 인간관계에 오점이 생기는 등 생각지 못한 피해를 입을 수 있다.

사실 직장인 사회에서는 동료들의 도움을 요청받았을 때 무례하게 거절했다가 그 일을 계기로 욕을 먹거나 자신만 아는 편협한 이기주의자로 낙인찍히는 경우가 허다하다.

팀워크는 서로 돕고 베푸는 가운데 생기는 것인데, 너무 자기의 일에만 매몰되어 주위를 돌아보지 않는다는 말을 듣게 되면 그때부터 슬슬 인간관계에 구멍이 생기기 시작한다.

경영자를 비롯한 상사들은 부하직원들의 근무 태도를 평가할 때 협업 상황을 주의 깊게 본다. 그리고 이를 훼손하는 직원을 요주의 인물로 주목한다.

이런 상황을 피하기 위해서라도 거절을 할 때는 강하면서도 동시에 예의 바르게 행동해야 한다. 강하게 대응하는 태도는 자신의 결정에 핑계나 거짓이 없다는 메시지를 전달하는 것이고, 예의 바른 태도는 상대를 존중한다는 것을 보여준다.

이렇게 되면 상대방은 나의 거절에 적대적인 반응을 할 수 없게 된다. 정중한 태도는 자신을 통제할 수 있다는 사실을 보여준다. 상대가 정중하게 나오는데, 자기의 뜻대로 되지 않는다고 함부로 분노를 폭발키는 사람은 요주의 인물이 된다.

예의 바르지만 단호하게 거절하는 모습을 보이면 남들이 흠을 잡기가 어렵다. 가령 당신이 이렇게 말한다고 치자.

"날 믿고 도움을 청해준 건 고마워. 그런데 내일까지는 밀린 업무 때문에 내가 너무 바빠. 나중에 다시 의논해줄래?"

이렇게 대응하면 상대방은 틈새를 찾을 수 없게 된다. 더구나 믿어줘서 고맙다는 표현을 했기 때문에 기분이 나쁘다는 반응도 할 수 없다.

나중에 여유가 생겼을 때 다시 물어봐달라고 하면서 당신에게 도와주고 싶은 의사가 있다는 걸 보여준 것은 성의 표시를 한 것으로, 이 또한 상대를 배려한 것이다.

도움 요청을 거절할 때는 이렇게 예의를 지키면서 강하게 주장하는 방법을 함께 사용하자. 예의 바른 태도는 당신이 상대방을 존중하고, 상대방에게 애정과 관심이 많은 사람이라는 인상을 심어준다. 그 결과, 상대는 당신의 거절을 있는 그대로 받아들이게 될 것이다.

: 기회를 놓칠지 모른다는 두려움을 버려라

모든 기회가 '기회'는 아니다

우리는 인간관계로 인해 생기는 '기회'를 놓치고 싶지 않아 도움 요청에 쉽게 고개를 끄덕인다. 어떤 모임에 나가면 꼭 만나고 싶은 사람을 만날 수 있다는 이유만으로 시간이 나지 않는데도 가입한다. 사실 그가 모임에 참석할 확률은 매우 낮지만, 만에 하나 나타날 경우를 놓치고 싶지 않은 것이다.

회사에서 큰 프로젝트를 진행하면, 자신의 업무 진행에 허덕이면서도 나중에 승진 기회가 주어질지 모른다는 기대감에 그 일을 맡는다. 실낱같은 가능성이라도 놓치기 싫어서 승낙하는 것이다.

심리학자들은 기회를 놓칠지 모른다는 두려움이 불안감으로 확대되어 발전하는 경우가 많다고 말한다. 유난히 자주 이메일을 확인하거나 SNS 메시지를 반복해서 확인하는 강박적인 행동이 이에 해당한다.

우리는 누구나 어느 정도의 불안감과 두려움을 느끼며 살아간다. 이런 감정을 회피하려는 생각은 어떤 제의를 받았을 때 앞뒤 고민 없이 덥석 고개를 끄덕이게 하는 원인이 된다.

경제학에 '기회비용'이라는 말이 있다. 여러 가능성 중 하나를 선택했을 때, 그 선택으로 인해 포기해야 하는 다른 가치를 비용으로 표시하는 것을 말한다.

현실에서는 포기한 기회에 더 많은 이익이 숨어 있는 경우가 많은데, 이는 어떤 일을 시작할 때 좀 더 신중한 태도가 필요하다는 사실을 말해준다. 두려움을 피하기 위해 설익은 기회에 손을 뻗게 되면 더 나은 다른 기회를 놓칠 수도 있다.

지금 하는 일을 고려해서, 타인에게 도움을 줄 여유가 있는지 생각해보라. 다른 업무를 떠맡을 여력이 있는가? 시간이 충분치 않은데 다른 일을 떠맡으면 현재 업무에 안 좋은 영향을 미칠 테고, 일이 지연되거나 결과물의 질이 떨어지면 당신의 경력에 해가 될 것이다.

그러니 거절해야 마땅한 상황에 억지로 머리를 끄덕이는 이유가 좋아 보이는 기회를 놓칠지 모른다는 우려 때문은 아닌지 생각해보자. 만약 그렇다면 자신의 감정을 통제하기 위한 훈련이 필요하다.

이 훈련엔 시간과 인내심, 그리고 용기가 필요하다. 다음에 또 도와달라는 요청을 받고 거절을 망설이는 상황이 되면 일단 생각할 시간을 갖자. 나를 스쳐가는 기회를 모조리 받아들이는 게 언뜻 보기엔 좋아 보이지만 시간을 낭비하고 에너지를 소모하는 일이 될 수도 있다.

당신의 마음속에 도사리고 있는 기회주의자가 슬며시 고개를 든다면, 지금 당장 좋아 보이는 기회가 사라지게 될지라도 용기를 내어 결단해보자. 일관성 있게 거절의 태도를 고집하면, 시간이 지나면서 거절하는 게 점차 쉬워질 것이다. 일단 그 두려움을 극복하면 여기저기 끌려 다니는 상황에서 벗어나게 될 것이다. 말 그대로 예스맨을 졸업하게 되는 것이다.

반드시 거절할 경우를 분류해놓자

누군가로부터 정기적으로 비슷한 종류의 부탁을 받곤 하는가? 이런 상황에 처할 때 처음 드는 생각은 거절인가, 아니면 승낙인가? 갈피를 잡을 수 없다면 다음에 소개할 전략을 주의 깊게 살펴보자. 이 전략은 시간을 많이 절약할 수 있을뿐더러 도움을 청하는 사람이 화나지 않도록 예방하는 역할도 한다. 사례를 통해 그 과정을 알아보자.

동료로부터 정기적으로 회계 관련 업무를 도와달라는 부탁을 받는다고 치자. 이런 업무는 당신의 영역 밖의 일인데도 동료는 당신이 대학에서 경영학을 전공했다는 사실 때문에 당신을 회계 전문가로 여긴다.

이전에 당신은 이런 부탁을 받을 때마다 할 수 있는 한도 내에서 도움을 주곤 했다. 하지만 문제는 이런 부탁을 너무 자주 받다 보니 당신의 일을 제대로 못 할 때가 많다는 점이다.

이럴 때는 더 이상 도와주지 못하겠다고 하는 게 가장 빠른 해결법이 된다. 이런 일이 반복되면, 동료는 당신의 결심이 확고하다는 사실을 알고, 다음부터는 다른 사람한테 도움을 구할 것이다. 이런 전략은 직장생활에서만 효과적인 게 아니라 일상생활에도 적용할 수 있다.

앞서 말했듯이 나는 대학 시절에 친구들이 이사할 일이 있으면 언제든 도와달라는 부탁을 받던 사람이었다. 하지만 언젠가부터 나는 모두들 나의 도움을 당연시한다는 생각에 화가 났다.

그래서 나는 어느 날부터 부탁을 일절 받아들이지 않겠다고 결심을 했다. 누군가 도와달라고 부탁하면 '이제는 도와줄 수 없어!'라고 대답했다. 그러자 얼마 지나지 않아 누구도 내게 도와달라는 부탁을 하지 않게 되었다.

여기서 중요한 사실은, 내가 친구를 단 한 사람도 잃지 않았다는 점이다. 친구들에게 분노를 사거나 모욕을 당하지도 않았다.

앞의 이야기로 돌아가서, 당신에게 동료가 부탁하는 회계 관련 프로젝트를 도와주고 싶은 마음이 있는 경우 그의 부탁에 대처하는 방법에는 두 가지가 있다. 하나는 가장 생산적으로 일할 시간대인 오전 9시에서 12시 사이에 들어오는 부탁은 전부 거절하는 것이다.

또는 한 시간 이상 시간이 걸리는 부탁은 일절 거절하겠다는 원칙을 세울 수도 있다. 예를 들어 친구의 이삿짐을 포장하는 일은 얼마 걸리지 않으므로 도와줄 수 있지만, 이삿짐을 옮겨주는 일은 시간이 많이 걸리기에 거절하기로 한다.

특정 사항에 대한 부탁을 거절하기 시작하면 당신에 대한 주위 사람들의 기대치는 바뀌게 된다. 사람들은 당신이 어떤 부분에 대해서는 항상 거절한다는 걸 인지하고, 그런 종류의 요청은 하지 않게 될 것이다.

가령 회사에서 당신이 시시때때로 받는 부탁을 생각해보라. 그런 부탁들이 당신의 시간을 많이 빼앗고, 정신적인 압박 요인으로 작용한다면 최악의 부탁 항목으로 분류하자.

최악의 부탁 항목에 들어간 사항들을 거절하기 시작하면 다음부터는 거절하기가 훨씬 쉬워질 것이다. 이 방법의 장점은 죄책감 없이 거절하기가 용이하다는 데 있다. 누구라도 나의 상황을 이해해서 아예 도움을 청하지 않기 때문이다.

거절을 잘하는 사람이 성공한다

상대의 반응은 내 탓이 아니다

예스맨의 가장 큰 문제는 다른 사람의 감정이 나의 책임이라고 느낀다는 것이다. 부탁을 거절하면 상대방이 실망하고 화를 내지 않을까 걱정한다. 바로 이런 두려움 때문에 자신의 일보다 다른 사람의 일을 우선시한다.

이런 경향은 여러 가지 이유에서 원인을 찾을 수 있다. 예를 들어 우리는 주위 사람들이 나를 좋아해주기를 절실히 바라며, 다른 사람의 인정을 받기를 원한다. 때로는 남의 부탁을 들어주는 일이 사람들에게 인정을 받을 수 있는 가장 쉬운 방법이라고 믿기도 한다.

게다가 예스맨은 유달리 자존감이 낮아서, 다른 사람의 행복이 자신의 행복보다 더 중요하다고 생각한다. 그래서 거절해야 할 상황에도 일단 승낙부터 하고 보는 게 예스맨에게는 바른 선택이라고 여겨진다. 잠시라도 소외감이나 불행하다는 감정에 사로잡히기 싫기 때문이다.

따라서 죄책감 없이 당당하게 거절하는 법을 배우고 싶다면 다른 사람이 느끼는 감정에 책임을 느껴서 그 사람의 부정적인 반응이 자기 탓이라고 생각하지 않아야 된다.

다시 한 번 말하지만, 상대가 자신의 분노와 실망감의 원인 제공자가 마치 당신인 것처럼 여길지라도 절대 사실이 아니다. 당신은 그들의 감정을 통제할 수 없을뿐더러 그게 당신의 소관도 아니라는 사실을 결코 잊지 마라.

상대가 나의 거절로 인해 힘든 하루를 보낼 수도 있고, 당신의 거절이 그의 분노나 극도의 스트레스를 촉발할 수 있다.

하지만 분명한 사실은, 거절은 다른 사람의 마음을 의도적으로 아프게 하는 것과는 완전히 다른 상황이라는 점이다.

가는 말이 고와야 오는 말이 고운 법이다. 당신이 정중하고 솔직한 태도로 거절했는데도 상대가 적대적인 반응을 보인다면, 그냥 무시하고 마음에서 지워버려라. 그가 느낀 부정적인 감정과 그로 인한 적대적인 태도는 그의 내면에서 솟아난 그 사람의 것이다.

나의 시간과 관심이 더 소중하다

예스맨은 자신의 시간과 관심사, 의견과 목표가 다른 사람의 것보다 덜 중요하다고 생각해서 다른 사람의 필요와 욕구를 더 중시하는 경향이 있다.

나는 경험을 통해 이런 사실을 잘 알고 있다. 이것은 바로 자존감의 문제로, 자존감이 낮으면 다른 사람들이 자신을 어떻게 판단하는지가 중요하다고 생각한다. 그 결과 자신의 이익을 위해 행동할 수 없고, 그러다 보니 거절하기가 힘들어지는 악순환의 주인공이 된다.

따라서 자신의 가치를 깨닫는 일이 무엇보다 중요하다. 그렇게 되면 다른 사람들과 나를 동등하게 생각하게 된다. 삶의 평균대 위에 똑같이 올라서 마주보게 되면 자신의 시간과 관심사, 의견과 목표가 다른 사람의 것과 동등한 가치가 있다고 인식하게 된다. 이런 사실을 마음으로 받아들이면 일말의 죄책감 없이 거절하기가 쉬워진다.

중요한 점은, 나의 결정이 상대의 인정을 받을 수 있을지 없을지를 생각하지 않고도 얼마든지 거절할 수 있다는 사실이다. 자존감이 높으면 자연스럽게 자신감이 더 생긴다. 자신감은 자신의 감정을 이용하거나 협박하는 사람과 맞닥뜨렸을 때 결정을 바꾸지 않고 지킬 수 있는 용기를 준다.

거절한다고 나쁜 사람이 되는 건 아니다

누군가에게 안 된다 말하고 나서 한동안 죄책감이 드는 이유는 무엇일까? 그건 절대 당신이 나쁜 사람이어서가 아니다. 부탁한 사람에게 나쁜 짓을 했거나 해를 입혀서도 아니다.

죄책감은 학습된 반응으로, 지금까지 살아오면서 당신의 마음속에 깊이 각인된 반응이다. 어린 시절로 거슬러 올라가보자. '안 돼!'라는 말을 얼마나 쉽게 했는지 기억나는가?

어릴 적 우리는 그런 말을 할 때, 타인의 감정 따위는 신경 쓰지 않았고 예의 없는 행동이라고 생각하지도 않았다. 하기 싫으면 그냥 하기 싫다고 당당하게 말했다. 에둘러 말하거나 변명거리를 찾으려고 애쓰지 않았다.

시간을 몇 년 앞당겨 초등학생 시절로 돌아가보자. 이때 당신은 부모님이나 선생님처럼 권위 있는 사람들이 'No!'라는 말을 듣기 싫어한다는 사실을 깨닫게 된다. 그리고 이 말이 불러

오는 피드백을 받기 시작한다. 그로 인한 부정적인 파장들이 본격적으로 머릿속에 주입되기 시작하는 것이다.

시간을 더 앞으로 돌려보자. 이번엔 고등학생 시절이다. 이미 수년간 'No!'라는 말이 불러오는 부정적인 반응을 너무 많이 겪었기 때문에, 이제는 그 말을 하기도 전에 망설여진다. 남의 기분을 상하게 하거나 화나게 하지 않을까 하는 걱정에 자꾸만 부탁을 승낙한다. 자신도 모르게 예스맨의 길로 접어들고 있다.

몇 년 더 앞으로 돌아가보자. 이제 직장인이 된 당신은 자신의 경력에 관심이 쏠려 있다. 지금까지 당신은 이기적이다, 인색하다 등의 훈계조 비난을 들으며 살아왔다. 도움을 청하는 사람의 손을 뿌리치는 건 무례할 뿐더러 상대방을 무시하는 행동이라는 말을 반복해서 들어왔다.

오랫동안 이런 말도 듣다 보니 모든 거절은 일단 한 번 다시 생각해야 한다는 훈련을 받은 셈이 되었다. 그렇기에 '다른 사람에게 싫다고 말하면 나쁜 사람'이라는 생각을 하며 자란 어른들이 많다는 사실이 놀랍지도 않다.

사실 형편에 따라 승낙보다 거절을 하는 게 더 적절한 경우가 많다. 거래처와 점심 식사 약속이 있다고 치자. 그런데 동료가 당신을 찾아와 다급하게 프로젝트 마무리를 도와달라고 부탁한다. 하지만 당신에겐 선약이 있다.

이런 상황에서 동료의 부탁을 거절한다고 해서 당신이 나쁜 사람이 되는 건 아니다. 선약을 지키기 위해 거절하는 게 옳고, 더구나 거래처와 약속한 일이니 선약을 지키는 것이 회사에도 이익이 되는 일이다.

다른 사람들의 부탁을 거절하면 그들은 내심 실망을 하거나 심한 경우 화를 내지 않을까? 물론이다. 하지만 기억하자. 당신은 다른 사람의 반응을 통제할 수 없다. 그러니 당신은 침착하게 진실한 태도로 거절을 하면 된다.

부탁하는 사람을 달래는 일은 당신이 할 일이 아니라는 점을 기억하자. 다른 사람의 일을 자신의 일보다 우선적으로 여기지 않는다고 해서 당신이 나쁜 사람이 되는 건 아니다. 당신은 서로의 이익과 해야 할 일이 다르다는 점을 알고, 그 일을 제한된 시간 내에 합리적으로 관리하면 된다.

작은 것부터 거절하는 습관이 중요하다

당당하게 거절하는 방법을 배우는 일은 예전에 없던 새로운 습관을 들이는 일이다. 그러기 위해서는 작은 것부터 시작하는 게 좋다. 처음 얼마 동안 '쉬운 승리'를 반복하다 보면 자기 신념을 신뢰하는 일에 익숙해지고, 점차 자신의 통제력을 강화하게 될 것이다.

작은 거절을 일상에서 실천해보자. 예를 들어 옷가게 직원이 회원 카드를 만들어 15퍼센트 할인을 받겠냐고 물어본다. 일단은 구미가 당길지라도 정중하게 거절하자.

카페에서 줄을 서 있는데, 바리스타가 당신에게 커피와 함께 크루아상도 먹어보지 않겠느냐고 물어본다. 그런 제안에 군침이 돌아도 우선 거절하자.

거절한다고 해서 그들은 실망하거나 화내거나 기분 나빠하지 않는다. 그 직원은 거절의 말을 하루에도 수백 번도 더 들어서 익숙하다. 당신은 거절하면서 자기주장을 강하게 하는 훈련을 돈 안 들이고 할 수 있으니 일석이조다.

상대가 분노할 여지가 없는 상황에서 품위 있게 거절하는 법을 익히면 천천히 자신감을 쌓아나갈 수 있다. 그렇게 자신감이 쌓이다 보면 상대가 거절에 실망할 가능성이 점점 더 높은 상황에서의 거절도 연습할 수 있다. 이런 방법을 쓰면 거절의 습관이 몸과 마음에 각인된다. 자신감이 생기고 자신의 신념에 대한 믿음이 커지면서, 사람들이 화를 내며 끈질기게 부탁할 때도 거절하기가 한결 쉬워질 것이다.

The
Art of
Saying
NO

제 4 장

어떠한 상황에서도
거절하는 법

인간은 어리석게도 자기 손에 들어 있는 것은
정당한 평가를 하지 못한다.
그러나 일단 그것을 잃게 되면
그제야 값을 매겨보려고 한다.

_윌리엄 셰익스피어 William Shakespeare, 영국의 극작가

그는 어떻게 여자 친구의
나쁜 습관을 바꿨을까?

허버트 윌리엄스에게는 3년째 사귀고 있는 여자 친구가 있다. 2년쯤 후에 결혼할 사이인 그들은 어느 모로 보나 멋진 커플이어서 주위 사람들의 부러움을 사고 있다.

허버트는 건축사, 여자 친구는 패션 디자이너다. 두 사람 모두 안정된 직업을 가지고 있기에, 결혼한다면 누구보다 행복한 생활을 펼쳐나갈 수 있을 것이다.

둘이 만나면 미래를 구상하는 것만으로도 행복했다. 허버트가 지은 집에서 아내가 디자인한 옷을 입은 아이들이 뛰어노는 모습은 상상만 해도 행복한 삶이었다.

모든 게 좋았다. 더 이상 바랄 게 없었다. 하지만 고민거리 하나 없는 사람이 어디 있겠는가? 언젠가부터 큼지막한 고민 덩어리가 허버트를 짓누르고 있었다. 여자 친구의 까다로운 성격 때문이었다.

그녀는 허버트가 자기 의견에 반하는 말을 하거나 자신의 요구에 싫다고 말하면 불에 덴 듯이 난리를 쳤다. 모든 것이 자기 위주로 흘러가야 하고, 이것이 틀어지면 사람들이 있건 말건 대놓고 화를 냈다.

문제는, 허버트가 처음부터 그녀의 성미에 맞춰주었더니 이제는 그녀의 요구를 거절하기가 어려워졌다는 것이다. 끝없이 예스맨이기를 요구하는 여자와 이에 거부감을 느끼는 남자. 이 둘 사이에 팽팽한 긴장의 공기가 역력해졌다.

허버트는 그녀의 성격을 뜯어고치지 않고는 결혼 후에 어떤 신세가 될지 뻔하다고 생각했다. 그렇다고 이제 와서 여자 친구의 행동에 반발하면서 거절의 말을 더 많이 남발했다가는 두 사람 사이가 어떻게 귀결될지 뻔했다. 그녀가 절대 그런 관계를 용인하지 않을 테니 말이다. 그러기는 싫었다. 실제로 둘 사이에 갈등이 생겨서 몇 주 동안 연락조차 없이 지낸 적도 있었다. 하지만 시간이 좀 흐르면 언제 그랬나 싶게 다시 만나는 그들이었다. 허버트는 그녀를 사랑했고, 꼭 결혼하고 싶었다. 어떻게든 그녀를 변화시켜서 서로의 세계를 인정하는 진정한 인생의 동반자로 거듭나고 싶었다. 그게 가능할까? 허버트는 결과가 어떻게 나오든 한 번 도전해보기로 했다.

일단 그녀를 변화시킬 비책이 필요했다. 우선은 그녀가 무리한 부탁을 해오면 최소한의 조치를 취하기로 했다. 예전엔 무조건적인 승낙이었다면 지금은 조건부 승낙이라고 할까? 리트머스 시험지에 물이 스며들 듯이 야금야금 그녀의 자존심을 무너뜨리기로 했다.

거절하는 방법에 관한 내용이 담긴 책이 많은 도움이 되었다. 상대의 기분을 상하게 하지 않고도 거절 의사를 분명하게 전달하는 심리 기술을 배워 현실에 적용해나갔다. 물론 쉽지 않았다. 그녀는 자존심이 워낙 강해서 처음엔 화를 내며 거세게 반발했다.

결국 중요한 것은 습관을 고치기 위해 함께 노력하는 것이었다. 인내심을 가지고 천천히 그녀의 세계를 두드리니 그녀 또한 조금씩 자기만의 아집으로 가득했던 습관의 벽을 헐기 시작했다.

더 많은 시간이 필요할 것이다. 어쩌면 이 일로 한동안 갈등을 겪게 될지도 모른다. 하지만 둘의 관계에서 일방적인 요구와 무조건적인 승낙만이 답이 아니라는 걸 알기에 허버트는 노력을 계속할 것이다.

그렇게 함으로써 여자 친구가 거절을 당해도 자신이 무시당하는 건 아니라는 사실을 받아들인다면 두 사람은 더 행복한 관계로 발전할 것이다. 그렇게 서로 더 나아진 모습을 찾아가는 게 진정한 사랑이 아닐까?

만만하게 보이지 않는 태도

친척은 상대하기 힘든 협상가들이다. 당신의 시간이든, 노동력
이든, 돈이든 무엇인가를 요구할 때 그들은 당신이 끝내 부탁을
들어줄 때까지 집요하게 요구한다. '한 핏줄'이라는 명목은 그
것을 가능하게 하는 핵심적인 이유가 된다.

　그들은 목표를 달성하기 위해 당신의 감정을 조종하려 들고,
함부로 괴롭히는 걸 마다하지 않는다. 그들은 당신이 하던 일을
당장 멈추고 당연히 자기들을 도와줄 것으로 기대하고 도움을
요구하니, 면전에서 그럴 수 없다고 말하기가 더 거북할 수밖에
없다.

친척들의 이런 기대감은 수년간의 훈련에서 나온다. 절대로 거절을 받아들이지 않는 사촌이나 고모, 삼촌을 생각해보자. 아무리 거절해도 그들은 끈질기게 부탁한다. 그러다가 화를 내며 자기들이 처한 어려움이 당신의 잘못이라도 되는 양 죄책감을 느끼게 한다.

그런 친척에게 어쩔 수 없이 항복한 적이 있었는지 생각해보자. 처음에는 거절했지만 결국엔 끈질긴 설득에 지쳐 두 손을 들고 말았는가? 친척이 부탁할 때마다 항상 그런 상황이 벌어지는가?

만일 그렇다면, 친척이 당신을 귀찮게 하는 것은 결국 당신이 그렇게 만든 일임을 인정해야 한다. 친척은 끈질기게 매달리면 당신이 결국 항복하리라는 걸 경험을 통해 깨달았을 것이다. 또한 당신이 거절했다는 사실에 죄책감을 느끼게 해서 결국 항복을 받아내는 방법도 꿰뚫고 있을 것이다.

이런 상황을 해결하는 방법은 그들이 받아들일 수밖에 없는 새로운 기대치를 세우는 것이다. 그들이 인정할 만한 경계선을 반드시 그어야 한다. 이를 위해 가장 먼저 해야 할 일은 도와줄 의사가 있는 일은 무엇이고 그렇지 않은 일은 무엇인지 원칙을 만드는 일이다.

사촌이 당신에게 자주 심부름을 시키는가? 그렇다면 '심부름 하지 않기' 원칙을 세워라. 삼촌이 자동차 수리를 도와달라고 자주 부탁하는가? 그때는 '자동차 수리 금지'를 원칙으로 세운다.

또 다른 방법은 언제 도와줄지 규칙을 정하는 것이다. 예를 들어 토요일 오후에는 친척들을 도와줄 수 있지만, 일주일 중에서 나머지 시간은 업무와 집안일 때문에 도와주기 어렵다는 사실을 분명히 선언하라. 이런 일이 반복되면, 친척은 당신이 평일에는 도움을 청해봤자 통하지 않는 사람임을 인정할 수밖에 없어진다.

포기를 모르는 친척들에게는 전화 메시지를 남기라고 요구할 수 있다. 예를 들어 그들이 부탁하려고 전화하면 음성사서함으로 연결되게 하라. 이메일을 보내면 시차를 둔 후 회신하라. 문자 메시지를 보내면 즉각 답변하고 싶은 유혹을 물리쳐라.

이 방법을 통해 긴박한 부탁을 들어주는 걸 줄일 수 있다. 친척이 당신에게서 전화나 이메일로 회신을 받기까지는 며칠이 걸린다는 사실을 알고 나면 급한 부탁을 할 가능성은 그만큼 줄어든다.

이런 방법은 당신에 대한 친척의 기대치를 재정립한다. 처음엔 그들이 기분 나빠할 수도 있다. 심할 경우 적대감까지 보일수 있다. 그러나 당신이 일관성 있게 행동한다면, 자기들의 기대와는 달리 당신을 마음대로 조종할 수 없다는 사실을 깨닫게 될 것이다. 이는 만만하게 보이지 않는 태도로 일관한 덕분에 얻는 소득이다.

사적인 영역을 인정하라

배우자나 연인의 부탁을 항상 들어주게 되면, 거절하기란 마치 까치발로 지뢰밭을 걷는 것과 비슷해진다. 거절하면 갈등이 생길 것이고, 당신과 파트너가 그런 상황을 용인하지 않는다면 상황은 빠르게 나빠질 것이다.

우리는 사랑하는 사람과의 관계에서 승낙은 상대를 사랑하고 신뢰하며 받아들인다는 표현이라고 배웠다. 하지만 우리가 항상 상대의 요구를 들어줘야 하는가?

지금까지 이 책을 읽은 독자라면 답을 예상할 수 있을 것이다. 때로는 파트너에게 거절하는 게 필요할 뿐만 아니라 이는 둘의 관계에도 도움이 된다. 그 이유를 보자.

친구와의 관계든 동료와의 관계든, 또는 친척과의 관계든 건강한 인간관계의 전제 조건은 명확한 경계선이 필요하다는 것이다. 자기만의 울타리를 만들어 상대가 어떤 경우에도 함부로 침범하지 않도록 하는 태도 말이다.

이렇게 배우자나 연인과 관계에서 '사적인 영역'은 의미가 크다. 그것은 사랑하는 사람을 더 잘 이해하는 데 도움이 된다. 상대방을 고유의 감정과 열정과 관심사를 가진 독립된 인격체로 생각할 수 있기 때문이다.

사적인 영역을 존중하면 사랑하는 사람이 필요한 게 무엇인지 파악하기가 더 쉽다. 그래서 한쪽이 원하는 바를 얻기 위해 상대의 죄책감을 이용하거나 조종하지 않게 된다. 파트너와 사적인 영역을 구분할 때 자신의 개인적 성향, 의견, 희망을 더 용이하게 전달할 수 있다는 얘기다.

당신이 신념에 따라 행동하면서 이 사적인 영역을 지켜나가면 당신은 배우자로부터 존중을 받게 된다. 이때의 존중은 정서적으로 괴롭히거나 조종하고 싶은 충동을 줄인다.

또한 당신이 상대의 부탁이나 제안을 거절할 경우, 그는 당신의 부정적인 반응을 자기 마음대로 해석하지 않게 된다. 당신의 결정에 타당한 이유가 있다고 생각하며 있는 그대로 받아들이게 된다.

예를 들어 당신이 자동차에 별 관심이 없다면 이런 생각을 강조할 수 있도록 사적인 영역을 설정하라. 배우자가 자동차에서 이상한 소리가 난다며 살펴봐달라고 부탁할 때, 당신은 이렇게 대답하면 된다.

"당신도 알다시피 나는 자동차에 대해서 잘 모르니까 카센터에 수리를 맡기자. 대신 카센터에는 내가 맡길게."

당신은 시끌벅적한 콘서트에 가는 걸 싫어한다. 귀도 아프고 안전도 걱정된다. 그런 와중에 연인이 헤비메탈 콘서트에 같이 가자고 제안할 경우, 이렇게 대답할 수 있다.

"같이 가자고 해서 고맙지만, 역시 나는 가지 않는 게 좋겠어. 나는 그런 콘서트를 좋아하지 않아."

이렇게 사적인 영역을 설정하고 그것을 고수하는 상황이 반복되면, 배우자와의 연결고리인 상호존중감 위에서 거절이 행해지기 때문에 반발이나 죄책감 없이 받아들여진다. 사랑하는 사람들일수록 서로를 존중하라는 말은, 서로의 사적인 영역을 인정하는 일에서 시작된다는 점을 잊지 말자.

자녀의 부탁을
거절하는 방법

39

아이들은 부모의 규칙을 시험해보려고 한다

아이들에게 '안 돼!'라고 말하기는 무척 어렵다. 부모는 아이들이 행복하길 원하고, 자신들의 일상에 만족감을 느끼길 바란다. 아이들에게 새로운 것을 경험할 기회도 만들어주고 싶어 한다. 그러다 보니 필요 이상으로 아이들의 부탁을 들어주게 된다.

외부 압력도 한몫을 한다. 우리는 주위 사람들이 우리를 아이들에게 지나치게 엄한 부모라고 생각하지 않기를 바란다. 특히 공공장소에서 사람들이 아이들과 타협이라곤 눈곱만큼도 하지 않는 독재자 부모로 생각하지 않기를 바라기도 한다. 그래서 우리는 아이들에게 안 된다고 말을 해야 하는 순간에 곧잘 승낙의 말을 해버린다.

아이들은 어떻게 하면 원하는 것을 얻을 수 있는지를 빨리 배운다. 적당할 때 부모의 감정을 잘 이용하면 '안 된다'를 '된다'로 바꿀 수 있다는 것도 직관적으로 안다. 그걸 배워서 자신에게 유리하게 이용하는 아이들도 있다. 예를 들어보자.

아이   오늘 밤에 제니퍼네 집에서 자도 돼요?

부모   안 돼.

아이   재미있는 건 왜 하나도 못하게 해요? 어떨 때는 엄마 때문에 너무 화가 나서 마구 소리를 지르고 싶어요!

부모   알았어. 제발 화내지 마라. 제니퍼네 집에서 자렴.

당신이 이런 식으로 물러서면 아이는 부모가 하는 '안 된다'라는 말이 최종 결정이 아니라는 걸 배우게 된다. 부모의 마음을 바꾸려고 아이는 더욱 반항적이 되거나, 더 나아가 부모의 결정은 필요하지 않다고 생각할 수도 있다. 결국 부모를 설득하려, 아이는 머리를 굴리며 끈질기게 떼를 쓰게 된다.

아이에게 거절하는 것은 명확한 선을 긋는 일과 같다. 해도 되는 일과 하면 안 되는 일이 무엇인지 명확하게 정하고, 그 기준에 맞게 아이의 기대치를 정해야 한다.

아이들은 부모의 규칙이 얼마나 단단한지 시험해보려고 한다. 그 시험이 끝나기 전까지 아이들에게 간단한 '안 된다'는 '될 수도 있어'를 의미한다. 아이들은 부모가 물러설 가능성이 있다고 생각하기 때문이다.

부모의 권위를 내세우고 싶다면, 그리고 아이들이 부모의 결정을 받아들이길 원한다면 반드시 아이들을 실망시킬 각오를 해야만 한다. 아이들이 원하는 것은 당신의 생각과 종종 반대된다는 사실을 잊지 말자.

일단 결정을 내리면, 그것을 뒤집지 않는다는 점을 아이들에게 가르치는 게 핵심이다. 아이들이 당신의 마음을 바꾸려고 어떤 수단을 쓰든 간에 '안 된다'는 말은 '안 된다'로 남아 있어야 한다.

그럼에도 너무도 쉽게 협상의 함정에 빠지는 부모들이 많다. 물론 어떤 협상은 공정하게 고려해볼 가치가 있다. 예를 들어 아이가 다음과 같이 물어볼 수 있다.

"심부름을 다 하고, 숙제도 다 하고, 개도 산책시키고 나서 제니퍼네 집에서 자도 돼요?"

이런 협상의 전술은 자신이 해야 할 일을 했을 때 긍정적인 효과가 있다는 사실을 아이가 이해하고 있다는 걸 보여준다.

그러나 아이의 제안이 너무 불공정하기에 곧바로 거절해야 하는 것들이 있다. 다음과 같은 말이 그 대표적인 예이다.

"사라네 집에서 못 자게 하면 이제 심부름을 안 할 거예요."

이런 말은 협박이나 다름없다. 따라서 진정한 자녀 교육을 위해서는 아이를 긍정적인 협상의 자리로 이끌어야 한다. 아이가 심부름과 숙제를 하는 등 해야 할 일을 다 했을 때 친구네 집에서 하룻밤 자고 와도 된다고 허락하는 것은 긍정적인 방법이다.

이런 협상 태도는 아이의 바른 성격을 기르는 데도 좋고, 충동적인 면을 억제하는 부분에도 도움이 된다. 반면에 안 좋은 행동을 하겠다는 아이의 협박에 굴복하면 부모의 권위가 무너지게 된다.

그렇게 되면 앞으로 아이에게 안 된다고 말하기가 점점 더 어려워진다. 거절을 수용하는 습성이 마모된 상태에서는 아무리 사소한 일이라도 거절의 상황에 맞닥뜨리면 아이는 즉시 거부감을 느끼게 된다. 핵심은 자녀가 '안 된다'는 말을 진정한 '안 된다'는 의미로 받아들이게 하는 데 있다.

친구의 부탁을
거절하는 방법

40

친구에게 무엇보다 솔직해지자

친구끼리는 서로 부탁을 들어줄 거라고 기대하기 마련이다. 그래서 친구의 부탁을 거절하기가 더 어렵다. 거절했을 때 단순히 실망하는 데서 그치지 않고, 오랜 우정이 깨질 수도 있다.

무엇보다도 기대감이 문제다. 친구는 당신에게 부탁하면 당연히 들어줄 거라 기대한다. 그러다 거절의 말을 듣게 되면 혼란스러워 하다가 짜증을 낼 것이다.

친구가 마음속으로 너무 기대를 많이 해서 당신의 상황은 그다지 중요하게 여기지 않을 수도 있다. 친구는 오로지 당신이 거절했다는 데 집착하게 될 것이다. 어떤 식으로 대화가 오가는지 살펴보자.

친구　오늘 오후에 공항에 데려다줄 수 있어?

나　안 돼, 오늘은 시간이 없어.

친구　(실망한 목소리로) 진짜? 나 같으면 들어줄 텐데.

나　시간이 있으면 당연히 부탁을 들어주겠는데, 오늘은 도저히 안 되겠어.

친구　(화난 목소리로) 정말 섭섭하다! 너 다음부터 나한테 절대로 어떤 부탁도 하지 마!

친구의 기대치를 맞추지 못하게 되면 그와의 사이가 틀어질 수 있다. 서로에 대한 신뢰와 친밀감에 나쁜 영향을 줄 수 있고, 앞으로 친구와 이야기할 때 팽팽한 긴장감이 생길 수 있으며 심지어 금방이라도 싸울 것처럼 대화하게 될지도 모른다.

어떻게 하면 친구의 기분을 상하게 하지 않으면서 부탁을 거절할 수 있을까? 우정에 되돌릴 수 없는 피해를 주지 않으면서 친구의 부탁을 거절할 수 있는 방법을 소개하겠다.

첫째, 자기의 일과 관심사를 위해 시간을 내는 것은 온전히 자신의 책임이라는 점을 깨닫자. 아무도 당신만큼 당신의 시간을 존중하지 않는다. 한 가지 일을 승낙해서 시간을 할애하면 다른 일은 포기해야 한다는 사실을 꼭 기억하자. 좋은 친구라면 당신의 일보다 자기 일을 더 중요하게 생각해달라고 강요하지 않는다.

둘째, 친구에게 거절하지 못해 좌절감을 느끼게 될 때까지 참지 말고, 이것저것 닥치는 대로 부탁을 들어주지 말자. 그렇게 되면 친구가 당신의 도움을 당연시한다는 생각에 씁쓸한 기분이 들고 화가 나며, 결국 싫다고 외치면서 폭발하게 된다.

셋째, 당신이 거절하는 말을 듣고 친구가 실망하고 화를 내도 그건 어디까지나 그의 감정일 뿐이라는 걸 기억하자. 존중하는 마음으로 우아하게 거절했다면, 당신은 최선을 다했다.

넷째, 분명한 선을 긋자. 당신이 거절할 때 좋지 않게 반응하는 친구가 있다면, 그와 솔직하게 대화를 나눠보자. 당신의 기분이 어떤지, 어떤 제약이 있는지, 개인적인 신념이 무엇인지 소상히 말하라. 그리고 당당하게 자신이 맡은 업무량과 개인적으로 해야 할 일들이 많기 때문에 다른 사람의 요구를 우선시하는 일이 불가능하다는 것을 설명하자.

진정한 친구라면 당신의 상황을 이해할 테고, 당신이 그은 경계선을 존중할 것이다. 다음에 도움이 필요하면 다시 물어봐 달라고 하고, 그때도 사정이 여의치 않다면 타당한 이유로 거절 하도록 하자. 물론 당신이 거절하는 이유는 친구가 이해할 수 있는 것이어야 한다.

이웃의 부탁을
거절하는 방법

(right side) ——————— **41**

이웃과 확실한 경계선을 긋고 살자

이웃의 부탁을 거절하기는 어렵다. 그들은 가족이 아니므로 평생 충성해야 하는 의무감은 없지만, 가까이 살고 있어서 정기적으로 만나게 된다는 게 문제다. 매일 같이 얼굴을 마주치니 불편한 관계는 정말 피하고 싶을 것이다.

    당신의 이웃이 강압적이고 요구가 많다면 어떻게 해야 하는가? 자기들 마음대로 우리 집 창고로 들어와서 연장을 가져가는 사람들도 있다고 한다. 이처럼 예의도 없고 염치도 없는 사람이 당신의 이웃이라면 어떻게 하겠는가?

    내 여동생에게는 갑자기 찾아와서 안에서 대답할 때까지 현

관문을 두드리는 이웃이 있다고 한다. 처음엔 하도 다급하게 불러 밖으로 나갔더니 겨우 자기네 집 강아지를 본 적이 있느냐고 묻더란다. 제발 당신에겐 이런 이웃이 없기를 바란다.

이웃과의 사이에 명확하게 선을 긋고 살아가는 건 무척 중요한 일이다. 함부로 넘나들 수 없는 선을 그어놓으면 이웃이 도를 넘는 부탁을 할 때 거절하기 쉬워지니 말이다.

그리고 무엇보다도 선이 확실하게 그어져 있다면 이웃의 부탁을 거절하더라도 관계가 틀어지지 않는다. 예를 들어 당신이 재택근무를 한다는 것을 알고 있는 이웃이 자신은 온종일 밖에서 근무한다는 이유로 자신의 반려동물이 잘 지내고 있는지 하루에 한 번씩 확인해주고, 심지어 먹이도 주고 산책까지 시켜달라고 부탁한다.

당연히 당신은 이런 요청이 성가시게 느껴질 뿐 아니라 짜증나기도 할 것이다. 재택근무라고 해서 시간이 남아도는 것도 아닌데, 이웃이 도움을 당연시한다는 느낌이 든다.

그래서 분명하게 선을 긋기로 마음먹는다. 이웃이 반려동물을 돌봐달라고 부탁할 때마다 시간도 없을뿐더러 이제는 그런 일은 하지 않기로 했다고 분명히 말한다.

얼마 안 있어 마을에는 당신이 이웃의 반려동물을 돌봐주기 싫어한다는 소문이 퍼질 수도 있지만, 합리적인 상식을 가진 이웃이라면 당신의 결정을 존중할 것이다.

만약의 경우를 가정해서 연습해보자. 이웃 사람인 잭이 당신을 찾아와서 일주일 동안 해외여행을 가니 그동안 자신의 반려견에게 먹이를 챙겨주고 하루에 몇 번씩 산책을 시켜달라고 부탁한다. 그럴 경우, 당신은 이렇게 대답할 수 있다.

"잭, 난 다른 집의 반려동물을 돌봐주지 않아요. 내 일에 더 집중하려고 그렇게 결정했어요."

잭이 언짢아할 수도 있다. 심지어 모욕적인 말을 뱉을 수도 있다. 그러나 다시 말하지만, 부탁을 거절했을 때 상대방이 보이는 반응은 당신과 아무 상관이 없다.

과거에 한 번도 이웃의 부탁을 거절한 적이 없다면 당장은 거절하기가 불편할 수도 있다. 그렇더라도 당신의 일을 더 중요하게 생각한다는 것에 죄책감을 느껴서는 안 된다. 당신의 시간과 에너지, 돈과 노동력은 당신의 책임이기 때문이다.

이처럼 한정된 자원을 현명하게 자기 자신을 위해 사용하는 것이 중요하다. 그 일을 할 수 있는 유일한 사람은 바로 당신 자신이다. 누구도 이를 대신 챙겨주지 않는다.

이웃들과 확실하게 선을 긋고 그 선을 우아하고 침착하게 지켜나가자. 시간이 지나면 거절하는 것이 점점 더 편안하게 느껴지면서 이웃의 기대와 당신의 신념이 조화를 이뤄나가게 될 것이다.

동료의 부탁을
거절하는 방법

거절하면서 사과하지 마라

때로는 회사가 복잡한 이해관계와 목적이 충돌하는 전쟁터 같을 때가 있다. 동료가 찾아와서 자신이 맡은 새로운 프로젝트를 도와달라고 부탁한다. 그러나 당신에겐 처리해야 할 급한 업무가 쌓여 있고, 그 업무를 처리할 수 있는 시간과 에너지는 제한되어 있다.

　이런 상황에서는 단호하게 거절하는 방법을 사용하면 좋다. 3장에서 다룬 전략들 중에서, 가령 도움을 청하는 사람에게 나중에 다시 물어보라고 하는 방법(거절의 전략 6 : 다음을 기약하라)은 동료의 부탁이 얼마나 급한 일인지 가늠할 수 있는 좋은 방법이다.

부탁한 일에 대해 당신보다 더 잘 알아서 더 많은 도움을 줄수 있는 다른 동료를 추천하는 방법(거절의 전략9 : 전문가를 추천하라)은 양쪽 모두에게 이득이 된다. 그는 당신보다 더 적합한 인재를 활용할 수 있고, 당신은 시간을 절약할 수 있으며 업무에 한층 더 충실할 수 있다.

그런가 하면 보너스 전략4인 '부탁을 유형별로 분류하기'는 동료의 부탁을 거절할 때 어떤 경우에만 승낙함으로써 당신의 일에 더욱 집중할 수 있도록 한다. 이런 거절의 기술은 직장에서 당신이 보다 전문적으로 업무를 처리할 수 있도록 만든다.

우리는 특정한 업무 혹은 활동을 통해 전문적인 업무 능력을 얻고는 한다. 이렇듯 기술이 전문화되면 생산성이 높아지고, 실수와 낭비를 최소화하는 데 도움이 된다.

동료가 이런 것들 이외의 업무를 도와달라고 부탁하면 합당하게 거절할 수 있어야 한다. 이때 거절하는 태도가 중요하다. 변명하지 말자. 부탁을 거절하는 이유를 거짓말로 둘러내지 말고, 진솔하고 우아한 태도를 유지하자.

동료의 부탁을 거절할 때, 구구한 변명과 얼버무리는 태도를 보이는 경우가 많다. 게다가 시간 여유가 있다면 도움을 줄 텐데 그러지 못하니 미안하게 생각하기도 한다.

그러나 거절하면서 사과하거나 얼버무릴 필요는 없다. 최대한 분명하게 자신의 의사를 간단히 밝히면 된다. '할 수 없다'나 '어렵다'는 말 대신에 '하고 싶지 않다'는 말이나 '안 된다'는 말을 사용해서 당신이 내린 결정에 책임을 지자.

당신이 동료의 부탁에 조건이나 이유를 묻지 않고 무조건 들어주던 습관에서 졸업하게 되면, 주위 사람들은 당신의 시간을 이전보다 훨씬 더 존중할 것이다. 당신이 예스맨이 아니라는 걸 알았기 때문이다.

그 후에는 당신의 전문적인 업무 능력과 개인적인 신념, 장기적인 목표에 일치할 때 부탁을 들어줄 가능성이 크다는 점을 알게 될 것이다. 시도 때도 없이 사소한 부탁을 해도 되는 하찮은 사람으로 취급하지 않는다는 얘기다.

한계를 말하고 대안을 제시하라

당신의 상사는 당신의 업무량을 소상히 파악하고 있다. 당신이 어떤 일을 하고 있는지와 더불어 시간 여유가 얼마나 있는지도 알고 있다. 그래서 당신에게 새로운 프로젝트를 맡길 때 상사는 당신이 현재 하는 일의 우선순위를 재조정해준다.

회사에서 당신의 업무량이 이런 식으로 조절되면 좋겠지만, 현실은 그렇게 순탄하지 않다. 할 일은 수북이 쌓여 있고 동료, 고객, 거래처로부터 쉴 새 없이 전화가 오고 있다.

시계를 보니 30분 뒤에 회의가 시작된다. 오늘 일정에 들어 있는 여러 건의 회의 중 하나다. 어떤 회의는 아직 자료 준비조차 되지 않아서 스트레스 수치가 점점 올라가고 있다. 할 일은 너무 많은데, 그 일을 다 처리할 시간이 충분하지 않다. 더 최악은 일이 줄어들 기미가 전혀 없다는 것이다.

일에 치여 어쩔 줄 몰라 하는 바로 그때, 상사로부터 이메일을 받는다. 상사가 또 다른 업무를 지시하는 내용이다. 시간도 없고 여력도 없는 상황에 한숨만 나온다. 점심 먹을 시간도 없다. 하지만 상사의 지시를 어떻게 거절할 수 있을까?

이때 대개는 새로운 업무를 그냥 받아들일 것이다. 상사의 지시를 거절하기 불편해서 억지로 미소를 지으며 참는다. 같이 일하기 힘든 사람이라는 인상을 주어 경력에 안 좋은 영향을 미칠지 모르는 상황을 걱정하는 것이다.

그럼에도 상사에게 당신의 한계를 분명히 피력하며 거절의 의사를 표했을 때 좋은 점이 있다. 자신의 스트레스를 스스로 관리할 수 있을 뿐 아니라 이런저런 업무를 죄다 떠맡게 되는 상황을 피할 수 있다는 점이다.

정말로 하지 말아야 할 것은 시간도 없으면서 새로운 업무를 습관처럼 떠맡는 것이다. 그러면 실패하리라는 건 불을 보듯 뻔하다. 물론 거절하기가 힘들다는 것을 나도 잘 안다. 그래서 거절하면서 생기는 압박감을 줄일 방법을 소개하려고 한다.

첫째, 상사에게 현재 업무량을 솔직하게 말하고, 그래서 여력이 없다는 사실을 솔직하게 털어놓자. 지금 하는 업무 때문에 새로운 프로젝트를 맡으면 좋은 성과를 낼 수 없을 거라는 점을 분명하게 설명해야 한다. 마감 시간이 임박한 업무를 따로 진행하고 있다면 그것도 언급하면 좋다.

둘째, 새로운 프로젝트에 대해 질문하라. '언제까지 마쳐야 하나요?', '무슨 일을 해야 하나요?', '프로젝트에 참여하는 팀원들 간에 업무 조율은 어떻게 해야 하나요?' 이런 질문을 통해 당신이 이 프로젝트를 진행할 때 생길 수 있는 문제점들을 상사가 깨닫도록 만들면 도움이 될 수 있다.

셋째, 상사에게 현재 진행하고 있는 업무들의 우선순위를 조정해달라고 요청하라. 새로운 프로젝트에 시간과 관심을 쏟을 수 있게 현재 진행 중인 일들의 스케줄을 조정해달라거나 다른 사람이 진행하도록 조치해달라고 제안하는 것이다.

넷째, 현재 진행 중인 업무의 일정을 조정할 수 없다면 새로운 업무 스케줄을 조정해달라고 부탁하라. 예를 들어 현재 진행 중인 업무가 완료되는 일주일 뒤에 신규 프로젝트를 맡을 여유가 생길 거라고 상사에게 말한다. 이렇게 하면 직접적으로 거절의 의사를 밝히지 않고도 상사에게 거절의 뜻을 전달할 수 있다.

여기서 핵심은 당신의 한계를 이야기하고 대안을 제시해 상사가 원하는 것을 달성할 수 있도록 노력하고 있음을 보여준다는 데 있다.

고객의 부탁을
거절하는 방법

44

솔직하고 존중하는 마음을 보여준다

일을 하다 보면 두 종류의 고객을 만난다. 하나는 누구나 함께 일하고 싶어하는 '꿈의 고객'이다. 그들은 자신의 요구 사항을 잘 표현하고, 합리적인 일정을 제시하여 당신이 제대로 일할 수 있도록 배려한다.

반대로 함께 일하기 힘든 고객이 있다. 이들은 당신에게 비합리적인 일정을 요구하고 주기적으로 계약이나 합의 사항 밖의 일을 해달라고 부탁한다. 게다가 당신의 일에 시시콜콜 간섭해서 그들이 맡긴 일을 진행하기가 두려울 지경이다.

후자는 거절하기가 비교적 쉽다. 존중심이 없고 지나치게 요구 사항이 많은 고객을 상대하는 것은 당신의 업무 효율과 직결된 문제다. 투입 시간은 많은 데 비해 노력과 고통에 대한 보상은 너무 적다.

그렇다면 이 책에서 배운 대로 예의를 잃지 않는 범위 내에서 당당하게 거절하면 된다. 상대의 요구 사항이 회사의 원칙을 벗어나는 것이라면 두말할 이유가 없다. 그러나 여기서 핵심은 어디까지나 예의를 차려야 한다는 점임을 잊지 말아야 한다.

문제는, 함께 일하기 좋은 고객의 제안을 거절하는 경우다. 꿈의 고객들조차도 간혹 거절하는 편이 나은 부탁을 할 때가 있다. 가령 특정한 프로젝트를 맡기엔 시간적 혹은 인적 자원이 부족한 경우가 있는데, 이런 일을 맡겠다고 하면 실패가 불 보듯 뻔한 상황으로 스스로 걸어 들어가는 것이다.

더욱이 아무리 좋은 매너를 가진 고객이라도 거절에 대해서는 민감하게 반응할 수 있다. 고객을 실망시키고 싶지 않거나, 사소한 일로 고객과의 관계를 해치고 싶지 않다면 어떻게 거절해야 할까?

첫째, 고객의 제안을 거절하는 것은 당신의 서비스나 프로의식이 좋지 않아서가 아니라는 점을 인식하자. 당신이 상대방과의 거래를 어떤 식으로 운영할지 확고한 생각이 있다는 것을 보여주어야 한다.

둘째, 거절하는 합당한 이유를 설명해주자.

"이 일을 잘하는 데 필요한 자원이나 기술이 없어서, 이번엔 진행하기가 어렵습니다."

"제가 다음 주에 휴가를 가서, 이번 건은 진행할 시간이 없습니다. 대신 훌륭한 인물을 추천하겠습니다."

당신이 말하는 이유들이 당신의 그런 결정을 뒷받침하고 있다. 거절의 이유를 납득한 고객은 상황을 이해해줄 것이다.

셋째, 대안을 제시하자. 시간 여유가 없어 일을 맡을 수 없다면 납기일을 연기해달라고 제안하면 된다. 당신이 이번 프로젝트에 관심이 없다면, 그 일을 하고 싶어 하는 능력이 있는 사람을 추천할 수도 있다.

고객을 상대로 거절하는 일은 전혀 즐거운 일이 아니다. 특히 당신이 고객을 진정으로 좋아하고 함께 일하는 것이 마음에 든다면 더욱 그렇다. 그러나 인생의 모든 일이 그렇듯이 비즈니스에서도 거절의 순간이 있고, 상황에 따라서는 거절이 최고의 결정이 되기도 한다.

당신이 솔직한 태도로 상대방을 존중하는 마음을 보여준다면, 고객과의 관계를 해치지 않고도 얼마든지 거절할 수 있다. 당신이 가끔 고객의 요청을 거절할 수 있다는 사실을 인식시키는 것이 오히려 앞으로 거래 관계를 더 탄탄하게 만들어줄 것이다.

낯선 사람의 부탁을
거절하는 방법

45

다른 사람의 인정을 받을 필요가 없다

보통 낯선 사람과는 개인적인 관계가 없기 때문에 거절하기가 쉽다. 그들을 배려할 의무 따위는 없기 때문이다. 하지만 누구나 그렇지는 않다.

낯선 사람의 부탁을 거절하는 일이 친구나 가족의 부탁을 거절하는 것만큼 어렵다고 말하는 사람들도 있다. 모르는 사람일지라도 도와달라는 부탁을 거절한다는 것에 부담감을 넘어 죄책감을 느낀다는 것이다.

당신이 후자에 속한다면, 나아가 미안해하지 않고 낯선 사람에게 거절하는 법을 배우고 싶다면, 앞으로 소개할 세 가지 방법을 사용해보기 바란다.

첫째, 낯선 사람에 대한 당신의 의무가 어디서 시작하여, 어디서 끝나는지, 즉 그 범위를 생각해보자. 이런 자기분석에는 자신의 가치와 신념이 반영된다. 이것은 순전히 개인적인 문제이니 다른 사람들의 생각과는 다를 것이다.

예를 들어 어떤 사람은 거리에서 구걸하는 사람들에게 적선해야 할 것 같은 의무감을 느끼지만, 다른 사람들은 무조건적인 도움에는 문제가 있다고 생각한다.

다른 사람의 기준을 따르거나 다른 사람의 인정을 받을 필요는 없다. 자신의 기준을 찾는 게 목표이므로 당신의 결정은 온전히 당신의 것이다.

둘째, 낯선 사람이 뭔가 부탁을 하면 그런 일이 불편하다고 당당하게 말하자. 당신이 공원에서 쉬고 있는데, 낯선 사람이 다가와서 급한 일이 있어 그러니 반려견을 잠시만 맡아달라고 부탁한다. 당신은 이렇게 말할 수 있다.

"당신이 누구인지도 모르고, 만약 개가 누구를 물기라도 하면 내가 책임져야 하잖아요. 그러므로 거절하겠습니다."

셋째, 앞에서 소개한 '보너스 전략4 : 부탁을 유형별로 분류하기'의 기술을 사용하자. 특정한 종류의 부탁은 절대 들어주지 않겠다는 원칙을 스스로 정하고 그 원칙에 어긋날 경우, 분명하게 거절하면 된다.

이런 유형으로는 휴식 시간을 내달라는 부탁이나 무언가를 맡아달라는 요청이 있을 수 있다. 중요한 것은 마음에 내키지않는 유형의 일들을 하지 않는다는 원칙을 정해둔다는 것이다.

당신이 카페에서 커피를 한 잔 마시고 밖으로 나와 자동차로 걸어가는데, 낯선 사람이 기차역까지 태워달라고 부탁한다. 이런 상황에서 어찌 할지를 이미 생각해두었다면 거절은 쉽다.

"저는 낯선 사람은 태워주지 않는 게 원칙입니다."

이렇게 말하면 상황은 간단히 종결된다. 그럼에도 계속 고집을 부리며 설득하려고 든다면, 한 번 더 자신의 원칙을 말하며 거절하라. 이런 식으로 원칙을 지키는 자세를 유지하는 것만으로도 거절의 습관은 뿌리를 내리게 된다.

궁지에 처한 낯선 사람을 절대 도와주지 말라는 뜻이 아니다. 잘 모르는 사람들을 위해 좋은 일을 하면 뜻밖의 기쁨이 찾아올 수 있다. 그러나 당신의 안전이 걱정된다거나, 개인적인 신념에 맞지 않으며, 자원이 부족한 상황이라면 거절이 더 좋은 선택이다.

자기 자신에게
거절하는 방법

46

'나는 하지 않겠다'로 시작하는 선언

우리는 항상 시간과 돈, 노동력을 비롯한 여러 가지 자원을 소모하게 만드는 유혹에 빠지게 된다. 이런 유혹에 무릎을 꿇게 되면 목표에서뿐만 아니라 성공이나 행복에서도 그만큼 더 멀어지게 된다.

　이런 때 자기 자신에게 안 된다고 말할 수 있는 능력은 건강하고 보람찬 삶을 위한 중요한 열쇠가 된다. 문제는 이러한 자세, 그러니까 스스로에게 엄격하게 대하는 자세를 계속 유지하기가 어렵다는 것이다.

　당신이 다이어트를 결심했다고 치자. 패스트푸드를 멀리해서 목표하는 체중에 도달하기로 했다. 그런데 동료가 먹음직한 도넛을 가져와서 권한다. 이때 당신은 두 가지 선택을 할 수 있다. 자신에게 안 된다고 말하고 목표를 지키거나 유혹에 넘어가 도넛을 먹는 방법이다.

오랫동안 미뤄두었던 집 안 청소를 하기로 했다. 그런데 친구가 맛있는 요리를 해놨으니 자기 집으로 놀러 오라고 한다. 선택사항은 명확하다. 자신에게 그럴 수 없다고 말하고 집 안 청소를 끝까지 하거나 유혹에 넘어가 친구네 집으로 달려가는 것이다.

유혹을 뿌리치는 일은 목표에 계속 집중하는 데 매우 중요한 역할을 한다. 문제는 어떻게 효과적으로 유혹을 뿌리칠 것인지에 있다. 포기하고 싶고 유혹에 넘어가고 싶을 때 어떻게 자신에게 '안 돼!'라고 말할 수 있을까?

내 경우, '나는 ……하지 않는다!'라는 문장을 만들어두었다. 이 문장은 당신이 어떤 일을 하지 않기로 선택했는지를 스스로에게 보여준다.

다이어트 중에 도넛을 받았을 때 '나는 도넛을 먹지 않는다'라고 말할 수 있다. 해야 할 일이 있는데 친구가 집으로 초대했을 때 '집안일을 중단하지 않는다'라고 되뇌인다.

당신이 맞닥뜨릴 수 있는 다양한 유혹들을 거절하는 데 도움이 되는 '나는 하지 않는다'는 문구를 상황별로 만들어보자.

- **유혹** : 매일 가야 하는 헬스클럽을 빠지고 싶다.
- **대응 문구** : 나는 헬스클럽을 빠지지 않는다.

- **유혹** : 비싼 옷을 사고 싶다.
- **대응 문구** : 나는 과도한 지출을 하지 않는다.

- **유혹** : 해야 할 일이 산더미 같은데 게임을 하고 싶다.
- **대응 문구** : 나는 쓸데없는 일에 시간 낭비를 하지 않는다.

유혹에 쉽게 무너지기 시작하면 충동의 노예가 되어 잠깐의 기쁨을 얻을 수는 있지만, 장기적인 만족감은 결코 얻을 수 없다. 오히려 자신에게 실망하고 후회하며, 결국 자존감이 낮은 삶을 살아가게 될 것이다.

'나는 하지 않는다'라는 선언으로 유혹을 이겨낸다면 당신은 자신의 의지대로 자기 삶을 착실히 설계할 수 있다. 자신에게 단호히 거절할 수 있다면 다른 사람에게는 더욱 당당하고 확실하게 거절할 수 있는 자존감 높은 삶을 살 수 있을 것이라고 확신한다.

당신의 일상을 돌아보고 자주 유혹에 빠지게 되는 일을 떠올려보라. 그런 다음 '나는 하지 않는다'를 적용해서 큰 소리로 외쳐보면 그 효과를 실감할 수 있을 것이다.

마치면서 ——————————————————

우리는 다른 사람들의 부탁을 약간의 노력만 하면 들어줄 수 있다고 생각하는 경향이 있다. 그렇기 때문에 거절하면 죄책감이 생기고, 그런 미안함 때문에 다음엔 승낙하고 마는 것이다.

작은 부탁들이 모이면 큰 부탁이 된다. 작은 요청을 들어주다 보면 더 큰 요청을 들어줘야 한다. 이런 식으로 여러 사람의 부탁을 들어주다 보면 당신이 가장 생산적으로 보내야 할 시간을 빼앗기게 된다.

당신은 이 책을 통해 미안함이나 죄책감을 느끼지 않고 요청, 초대, 부탁을 비롯한 사적인 영역을 침범하는 많은 것들을 거절하는 법을 알게 되었다.

우리가 지금까지 다룬 거절의 전략들을 제대로 구사하면 도움을 청하는 사람이 거절하는 말을 들었을 때 느끼게 될 실망감을 줄일 수 있다.

그렇다고 거절이 쉽다는 말은 아니다. 이 책을 읽고 무릎을 치며 깨달음을 얻었다 해도 처음에는 거절하기가 쉽지 않을 것이다. 당당하게 거절하기는 근육을 쓰는 것과 같은 원리로 작동한다. 근육을 튼튼하게 만들려면 근육을 계속 써야 하듯이 거절하기도 마찬가지다.

그래서 나는 당신이 이 책에 나온 전략을 당장 현실에 적용해보기를 권한다. 다른 사람과 충돌할 위험이 적은 상황에서 작은 거절부터 시작하라. 그러고 나서 점차 충돌할 위험이 많은 상황으로까지 확장해서 거절의 전략을 사용해보자.

이런 습관이 쌓이면, 시간이 지날수록 더 당당하게 거절하면서, 그 이유를 설명할 수 있게 될 것이다. 자신의 신념을 믿고 의지하는 법을 배우면 거절이 더 쉬워지기 때문이다.

그런다고 해서 당신의 친구들과 가족들, 동료들과 이웃들이 당신의 결정에 반감을 느끼며 등을 돌리는 일은 없을 것이다. 여기서 소개하는 방법들은 당당하게 거절하되 친구와 동료를 잃지 않고, 오히려 더 존중하고 신뢰하는 사이로 발전하도록 돕기 때문이다. 이 책이 당신의 삶을 변화시킬 귀중한 기회가 되기를 바란다.

옮긴이 권은현

한국외국어대학교 통번역대학원을 졸업하였으며, 다년간 통역사로
활동하였다. 현재 번역 에이전시 엔터스코리아에서 번역가로 활동하
고 있다.

NO!라고 말하는 기술

신개정판 1쇄 인쇄일 2021년 06월 18일
신개정판 1쇄 발행일 2021년 06월 25일

지은이   데이먼 자하리아데스
옮긴이   권은현
발행인   이지연
주간   이미숙
책임편집   정윤정
책임디자인   이경진 권지은
책임마케팅   이운섭 신우섭
경영지원   이지연

발행처   ㈜홍익출판미디어그룹
출판등록번호 제 2020-000332 호
출판등록   2020년 12월 07일
주소   서울시 마포구 독막로18길 12, 2층(상수동)
대표전화   02-323-0421
팩스   02-337-0569
메일   editor@hongikbooks.com

ISBN   979-11-9142-023-4 (03190)

※ 이 책은 《착한사람을 그만두면 인생이 편해진다》의 신개정판입니다.